与时偕行 一苇以杭

文化和旅游部恭王府博物馆创建四十年

1983—2023

文化和旅游部恭王府博物馆 编

文化艺术出版社
Culture and Art Publishing House

恭王府博物馆
创建40周年
1983-2023

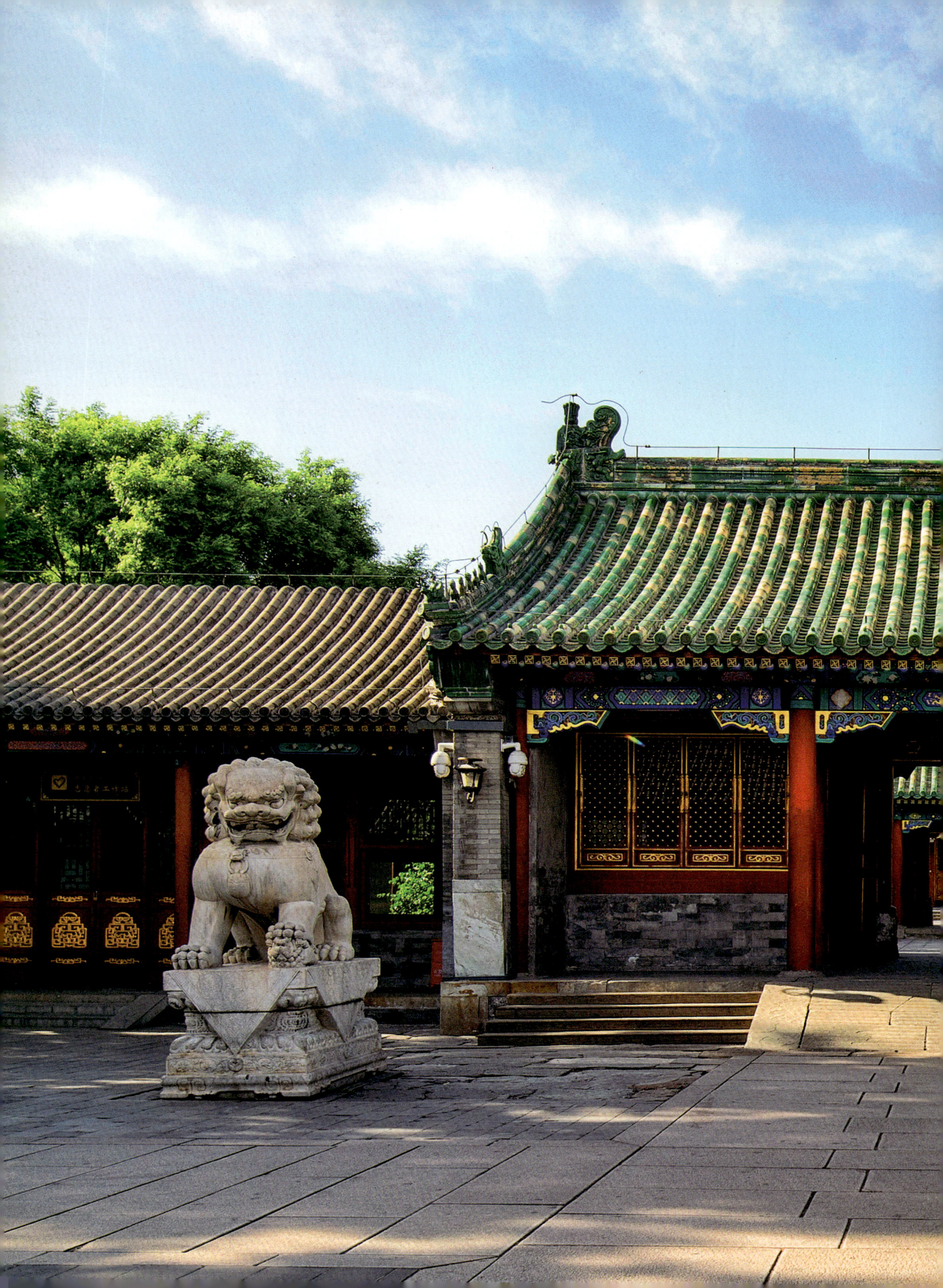

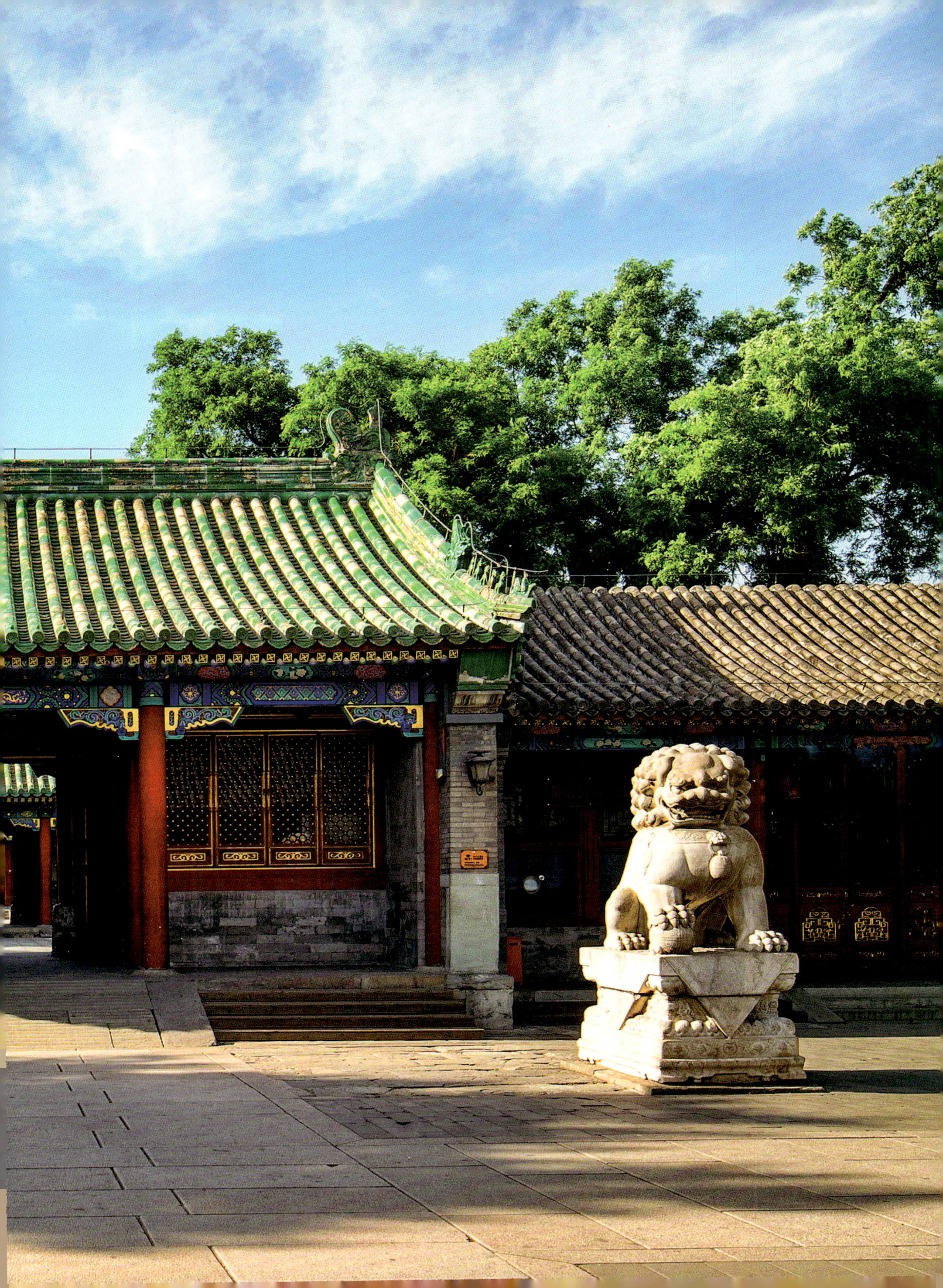

与时偕行　一苇以杭

文化和旅游部恭王府博物馆创建四十年

恭王府博物馆创建40周年系列活动领导小组

组　　长：冯乃恩

副 组 长：陈晓文　王　静　杨仲怡　苏　宁　刘怀林

成　　员：刘诗源　王文军　丁　瑞　黄文娟　王　骁　丁卫民　王东辉
　　　　　张　艾　孙冬宁　张　建　王志军　刘松涛　马　骁　陈桂兰

编辑委员会

主　　任：冯乃恩

副 主 任：王　静

主　　编：常　洁

执行主编：李珊珊　赵婉俐

编　　审：朱传荣　马　骁　王文军　王东辉　张　艾　张　建　关　欣

资料统筹：高晓媛　张　超

编　　辑：黎珏吟　卢　坤　张　汀　南　楠　王博颖　许立栋　王衍达　许　琛

序　言

2023年是文化和旅游部恭王府博物馆创建40周年。

1983年12月14日，文化部恭王府修复管理处成立，开启了"按照文物保护法对恭王府进行保护和管理"，成建制地组织实施恭王府修复工程的序幕，自此独立担当起保护修复文物古建筑这一文博事业的崇高使命。此后的40年间，在文化部、文化和旅游部的坚强领导下，作为全国重点文物保护单位的恭王府及花园，相继完成了花园区域和府邸区域的搬迁腾退与保护修缮，陆续实现了花园部分开放和府邸及花园的全面开放，并逐步完成了由国家5A级旅游景区向国家一级博物馆的角色转变和内涵提升，此刻正向着建设文旅融合的一流社区博物馆的目标全面迈进。

作为北京现今保存相对最为完整并对社会公众全面开放的清代王府建筑群，恭王府及花园的保护修缮开放，承载着党和国家的殷切期望——

1962年，周恩来总理视察恭王府时提出：要将恭王府保护好，将来有条件时对社会开放。

1978年，在时任国务院副总理谷牧同志的推动下，恭王府开始了搬迁腾退工作。

1982年，恭王府及花园被列为第二批全国重点文物保护单位。

1988年，恭王府花园对社会开放。

2006年，恭王府府邸最后一家占用单位完成搬迁，历时28年、国家投入数亿元的恭王府腾退工作圆满结束。

2008年，恭王府府邸文物保护修缮工程竣工，恭王府府邸和花园全面开放。

2012年，恭王府景区被评定为国家5A级旅游景区。

2017年，文化部恭王府博物馆晋升为国家一级博物馆。

2023年，文化和旅游部恭王府博物馆观众接待量已突破500万人次，又一次实现了历史性跃升。

回首40余年来搬迁腾退、保护修缮、展示开放的历程，恰是中国改革开放腾飞巨变、中华民族迎来伟大复兴的历史缩影。由昔日王公私邸到新时代社区博物馆，恭王府的蜕变新生承载着党和国家的殷殷重托，凝聚着几代恭博人的拼搏、奋斗、辛劳和汗水。

谁谓河广？一苇杭之！

文博事业的航程上，有疾风高浪、湍濑险滩，有百舸争流、浮舟飞渡——恭王府博物馆创建40年间，最初搬迁腾退的艰难竭蹶、一度惨淡经营的门可罗雀、新世纪文化产业的蓬勃发展、新时代文旅融合的崭新布局——无论面临何种重任或机遇、经历怎样的艰辛与挑战，一代代恭博人在中国共产党的坚强领导下，始终牢记初心，敢于担当使命，以坚定的理想和不懈的追求勇立潮头，达成了一个又一个奋斗目标，展现出恭博人可赞可叹、可钦可敬的执着信念、顽强意志、不竭智慧和坚韧决心。

2023年是全面贯彻落实党的二十大精神的开局之年，是实施"十四五"规划承前启后的关键之年，中华民族昂首阔步在中国特色社会主义新时代，恭王府博物馆迎来了文旅融合的新机遇。回首过去，几代恭博人坚定信念、怀揣梦想，走到今天；展望未来，恭博人唯有踔厉奋发、笃行不怠。在文化和旅游部党组的坚强领导下，以习近平新时代中国特色社会主义思想为指导，紧紧围绕党和国家关于文化和旅游各项工作要求和目标任务，坚定文化自信，增强文化自觉，以新发展理念为指引，以推动文化和旅游高质量发展为主题，以"平安恭博、学术恭博、数字恭博、公众恭博"作为发展建设总体目标，促进文旅融合协调发展，将恭王府博物馆建设成为王府历史文化资源特色突出的国家级博物馆和文旅融合典范。

四十载弹指一挥间。恭王府作为一个博物馆的历史很短暂，但展现在恭博发展历程上的党的文化思想一以贯之；"恭博人"作为一个集体的名称很抽象，但闪耀在几代恭博人身上的精神很动人。

新时代，新航程。愿我们一道在团结奋斗中集智聚力，在竞相奋斗中革故鼎新，在不懈奋斗中再创佳绩，共同努力创造属于我们这个时代的新文化，建设中华民族现代文明。

恭王府博物馆馆长、党委书记
2023年12月

第一章

梯山航海
初心如磐

001

——恭王府及花园的保护修缮开放，承载着党和国家的殷切期望。历时三十载、国家累计投入数亿元的搬迁腾退和修复开放工作，犹如越峻岭渡重洋，充满艰辛与挑战。1978—2008年的30年间，几代恭博人以如磐意志坚守初心，坚持党的文物工作方针，相继完成了花园区域和府邸区域的搬迁腾退与保护修缮，陆续实现了花园部分开放和府邸及花园的全面开放，终不负党和国家的殷殷重托。

恭王府花园的搬迁修复与开放	**004**
恭王府府邸文物保护修缮工程	**008**

第二章

奋楫笃行
使命担肩

023

——随着1988年恭王府花园开放，恭博人的工作重心逐步由保护修复转移到展示开放上来。20世纪60至90年代，围绕在恭王府遗址基础上建立博物馆以及建立什么主题博物馆的讨论一直在进行，最终在21世纪初，根据恭王府及花园的自身特点，决定建立以王府历史文化为特色的博物馆——恭王府博物馆。自此恭博人明确内涵定位，深挖历史文化资源，在博物馆事业航程上砥砺奋进，以坚定的信念肩负起文博建设使命，实现了由景区向博物馆的又一次转变和提升。

文物藏品·踊跃输将	**026**
陈列展览·众彩纷呈	**046**
学术研究·砥志研思	**086**
公众教育·系统专业	**098**
品牌活动·探索实践	**104**

目 录

第三章
千帆竞发 逐潮者先　　　　　　　　　　　　　　　　　　129

——中国特色社会主义进入新时代，党中央提出坚定文化自信，推动社会主义文化繁荣兴盛，建设社会主义文化强国。文博领域空前活跃，犹如百舸争流，竞相发展。恭博人紧紧追随新时代的潮涌，立足自身特色、加强基础建设、实施创新驱动、拓展受众群体、讲好恭博故事，2017年成功晋升为国家一级博物馆。经过不懈努力，恭王府作为文旅融合的一流社区博物馆的形象深入人心，社会关注度和影响力不断提升，为推动文化事业全面繁荣贡献出应有的力量。

以协调发展理念解决好安全与发展的关系　　　　　　　　132
以创新发展理念深入推进文旅融合式发展　　　　　　　　138
以绿色发展理念提升景区可持续开放水平　　　　　　　　150
以开放发展理念拥抱网络化数字化新时代　　　　　　　　152
以共享发展理念与社会分享恭博建设成果　　　　　　　　162

第四章
长风破浪 追梦远航　　　　　　　　　　　　　　　　　　173

——党的二十大为推进文化自信自强，铸就社会主义文化新辉煌绘出蓝图。进入新发展阶段，恭博人唯有乘势而上驭风而行，在文化和旅游部党组的坚强领导下，坚持以文塑旅、以旅彰文，推进文化和旅游深度融合发展，以"平安恭博、学术恭博、数字恭博、公众恭博"作为发展建设总体目标，在建设王府历史文化资源特色突出的国家级博物馆和文旅融合典范的航程上不懈追梦，共同努力创造属于我们这个时代的新文化。

以提升党建工作水平带动各项事业更高质量发展　　　　　176
以人才战略规划为发展提供智力支撑和队伍保障　　　　　188
以建设"四个恭博"相互贯通持续完善工作体系　　　　　192
以创新理念构建发展格局推进文化旅游深度融合　　　　　196

1

第一章

梯山航海 初心如磐

恭王府及花园的保护修缮开放,承载着党和国家的殷切期望。历时三十载、国家累计投入数亿元的搬迁腾退和修复开放工作,犹如越峻岭渡重洋,充满艰辛与挑战。1978—2008年的30年间,几代恭博人以如磐意志坚守初心,坚持党的文物工作方针,相继完成了花园区域和府邸区域的搬迁腾退与保护修缮,陆续实现了花园部分开放和府邸及花园的全面开放,终不负党和国家的殷殷重托。

40th

恭王府及花园坐落在北京什刹海畔柳荫深处，占地面积6万余平方米，古建园林风雅，人文历史荟萃，被誉为什刹海的一颗明珠。自清乾隆年间始建，恭王府经历了清代权相和珅、庆亲王永璘、恭亲王奕訢历任府主，民国时期成为辅仁大学校舍，中华人民共和国成立后的几十年间，则用作学校、工厂、研究机构和政府机关的办公教学场地。改革开放后，经过历时30年的搬迁腾退和保护修缮，恭王府陆续实现了花园和府邸的开放。2008年，府邸文物保护修缮工程竣工后向社会全面开放。

搬迁腾退——保护修缮——全面开放，是恭王府博物馆重要的过往岁月，它凝聚着党和国家历代领导人的殷切期望，流淌着一代代恭博人的汗水和心血。记住历史、把握现在、面向未来，我们将对历史文化遗产更加珍视，更加爱护。

1　1922年，瑞典学者喜仁龙拍摄的恭王府花园照片——方塘水榭

2　1937年，梁思成与林徽因在恭王府水法楼

恭王府花园的搬迁修复与开放

　　恭王府及花园所在的北京什刹海地区素有"京城第一佳山水"之称，这里是元、明、清三代城市规划和水系的核心，也是京杭大运河的航运北终端，在北京城规划建设史上占有独特的地位。"一座恭王府，半部清代史"，始建于清乾隆年间的恭王府是现存清代王府建筑中唯一基本保留原有建制，未经大规模拆改、破坏的一座，具有独特的历史文化价值和古建艺术价值，堪称了解清代王府历史文化的范本。

　　关于恭王府的研究和关注，早在晚清至民国年间的一些文人笔记中已略有反映，如吴长元《宸垣识略》、昭梿《啸亭杂录》和《啸亭续录》、邓之诚《骨董琐记》和《骨董续记》等。20世纪20—40年代，西方一些学者因各种机缘用影像方式记录了恭王府及其花园，中国营造学社两次前来恭王府进行古建测绘，1938年单士元《恭王府

沿革考略》首次对恭王府进行了较为全面的研究。新中国成立后，研究恭王府的著述逐渐丰富，除介绍恭王府府邸及花园建筑外，还用了不少篇幅来论证恭王府与《红楼梦》中大观园的关系问题，使得社会各界对恭王府的关注日益增多，文化界和建筑界都对保护恭王府发出不少呼吁，成为保护修复开放恭王府的一个重要契机。

1962年，周恩来总理会同郭沫若，以及时任北京市副市长的红学家王昆仑等一批著名专家视察恭王府，首次提出：要将恭王府保护好，将来有条件时对社会开放。直到1975年病重期间，周总理仍在考虑全面开放恭王府的问题，并将此事专门托付给当时兼任国家基本建设委员会主任的国务院副总理谷牧同志。

1978年，党的十一届三中全会胜利召开，国家迎来改革开放的大好局面。谷牧副总理百忙之中召集相关部委和北京市的领导开会，商讨恭王府占用单位的搬迁问题。随着1979年文化部修建队进驻恭王府，历时10年的花园搬迁修缮工作正式拉开了帷幕。

1980年年初，谷牧同志组织国家文物事业管理局和国家基本建设委员会联合起草了《关于加强古建筑和文物古迹保护管理工作的请示报告》，在传达文件过程中特别强调了对恭王府的保护。同年7月他亲临恭王府视察古建筑的保护情况，看到府内被分割占用、古建遭受威胁的情景，立即提出了停止破坏加紧搬迁的要求，并责成有关部门拿出具体解决办法。同时请当时主管财政的姚依林副总理在经费上予以支持，有力地推动了恭王府的搬迁腾退工作。

根据有关指示，北京市不仅为公安部提供地皮解决搬迁住户的住房问题，还由张百发副市长亲自负责北京市空调器厂的搬迁。1981年11月底，从接到任务开始仅用了4个月时间，北京市空调器厂在新厂房未能按时完工的情况下，职工们临时在府墙外的马路上搭建了部分木板房堆放物资，确保了恭王府搬迁腾退工作如期启动。

1981年12月7日，国务院机关事务管理局在同有关单位多次磋商的基础上，形

1 北京市空调器厂占用花园戏楼的情况　　2 单位占用期间，花园西路的方塘被填平，水榭被封起用作办公室

成了《关于恭王府住户搬迁情况的报告》。报告中建议，恭王府内腾出的房屋无论原产权属于哪个单位，均移交给恭王府，由文化部负责接收管理。

1982年，经国务院领导批准，成立了由文化部、公安部、国家计委、国家建委、财政部、国务院机关事务管理局、国家宗教局、北京市政府等部门组成的"恭王府修复搬迁领导小组"，制定了"先易后难、先花园后府邸，边搬迁、边修复、边开放"的原则。小组由谷牧同志亲自督促，打开了恭王府搬迁修复工作的局面，发挥了极其重要的领导作用。

1982—1987年，在公安部、国务院机关事务管理局、北京市各相关单位的积极配合下，北京市空调器厂、中国曲艺家协会、国管局幼儿园和公安部的大多数住户顾全大局，克服重重困难迁出恭王府，极大地支持了文化部的修复和管理工作，按照国务院规定的时间完成了腾退任务。

在中央领导的关注下，1983年文化部成立了专门的修复管理机构——恭王府修复管理处，开始了对花园的清理和抢救性修缮工作。

恭王府修复管理处主要由文化部修建队的技术人员组成。本着尊重知识、尊重人

3 著名古建彩画专家李巨贤绘制王府花园修复图
4 技术人员在施工现场讨论
5 施工人员现场施工
6 专家们验收花园方塘水榭的修复工程

才，严格按照原貌修复的原则，管理处还聘请多位国内著名古建园林专家加入修复工程规划组，精心设计，反复论证，科学管理，保证了工程的质量。

在各方面的大力支持下，修复工程人员克服重重困难，恢复了花园原貌。1988年7月18日，恭王府花园正式对社会开放。

恭王府府邸文物保护修缮工程

府邸搬迁

如果说花园开放已费尽心血，那么府邸搬迁更是难上加难。恭王府府邸的腾退，意味着要为中国音乐学院和中国艺术研究院两个国家大型科研教学机构划拨新的办公用地，建设新的教学办公园区。此事尽管早在1980年就已提上议程，上亿元的建设经费却成为巨大的障碍。

随着国家经济的发展，在中央领导同志的支持下，占用府邸单位的新址建设工程陆续纳入国家计委计划，开始立项施工。1989年，中国音乐学院大学部迁入新址，但附中仍然占用着府邸南侧的两座白楼。中国艺术研究院的工程则因为资金等问题，停滞8年之久。

在此期间，文化部在经费十分紧张的情况下，依然划拨资金分别于1992年和1997年购买住房160套，用于搬迁府邸内居民。

恭王府管理处在文化部领导下于1991年成立府邸搬迁工作办公室，在整个搬迁过程中做了大量协调、宣传工作。对一些不愿搬出的老住户，他们一家家耐心动员，有的动员工作要持续一年之久。

改革开放以来，几乎每届全国人大和政协会议上均有关于恭王府保护问题的联名提案。据不完全统计，1979年至1997年间，先后就恭王府的搬迁修复提出建议、提案的政协委员多达百余名。

2000年，中央政治局常委、国务院副总理李岚清同志到恭王府现场办公，解决中国艺术研究院新址建设资金缺口等问题。2002年，中国艺术研究院从恭王府府邸

1 中国音乐学院附中悬挂了50年的老校牌被摘下 2—4 2006年，文化部恭王府管理中心挂牌仪式

中迁出。

恭王府的搬迁修复受到北京市委、市政府的高度重视。在国家机关事务管理局和北京市政府的协调下，2006年10月，府邸最后一家占用单位中国音乐学院附中完成搬迁，标志着恭王府的府邸部分全部归属文化部恭王府管理中心管理。

2006年11月23日，"恭王府府邸腾退完成暨恭王府挂牌仪式"隆重举行。历时28年，国家投资数亿元的恭王府府邸腾退工作终于圆满完成。

1

2

3

4

1　2002年，《恭王府保护规划方案》专家论证会　　3　2002年，联合国教科文组织官员视察恭王府府邸

2　2005年，恭王府府邸文物保护修缮工程开工仪式

府邸文物保护修缮工程

2002年，随着府邸古建部分逐渐腾空，恭王府府邸修缮工作也开始提上日程。为了较全面、系统地展示清代王府的历史沿革、建筑规制及王府文化，首要任务是需要对府邸古建筑进行全面修缮。恰在此时，联合国教科文组织提供5万美元用于府邸多福轩的修复。多福轩的顺利修复，为全面启动府邸保护修缮工程积累了宝贵的经验。

在收集史料和现状勘察的基础上，《恭王府保护规划方案》快速形成，之后又用了两年多时间规划了"恭王府府邸文物保护修缮工程"。修缮工程获国家文物局和北京市文物局批准，于2005年12月正式启动。

2006年3月，国务委员陈至立主持会议，研究国家博物馆、国家图书馆、故宫博物院、恭王府等"十一五"重点文化设施建设有关问题。同年9月，在中共中央办公厅、国务院办公厅印发的《国家"十一五"时期文化发展规划纲要》中，恭王府府邸文物保护修缮工程被列为"文物保护重点项目"。

恭王府自乾隆年间始建，已历经200余年，按照什么时期的王府历史现状进行修缮是第一个要解决的问题。在查询资料和专家研究后，决定按照清代同治、光绪年间恭王府最兴盛时期的历史原貌进行恢复性修缮；之前历史上有重要价值的历史信息也一定要保留下来。只有这样定位，才能充分反映恭王府的历史价值和文化内涵。修缮提出了4项原则——有原始根据的按原始根据进行修缮，没原始根据的按最接近的历史根据进行修缮，既无原始根据又无历史根据的在专家指导下进行修缮，专家也吃不准的按现状进行保护性修缮。

本次恭王府文物保护修缮工程是1850年以来恭王府最大的一次修缮，也是国家对王府修缮工程投资最多的一次，文化部、财政部先后拨款1.6亿元人民币用于府邸古建的保护修缮。在此基础上，恭王府管理中心从开放创收的事业经费中自筹资金5000万元对府邸进行维修，投资总额达到2.1亿元。经过三年的紧张工作，恭王府原有28800平方米的观览面积扩展为61000平方米，2008年奥运会前夕，工程全部完工。此次府邸古建修缮工程获得历史文化名城保护建筑设计优秀奖和2010年全国建筑工程装饰奖等奖项。

2008年8月20日，作为北京城保存最为完整的清代王府，恭王府向社会全面开放，昔日的王府私家宅院，成为供大众参观游览的文化遗址，曾在岁月中破败的建筑园林，重新焕发神采和生命力。

1　方案设计　　　　　　　　　　2　彩画专家现场考察

3　四方工作会议　　　　　　　　4　质监站技术总交底会

5　府邸修缮设计单位开标会　　　6　府邸文物保护修缮工程设计招标评审会

1

2

3

4

5

6

7—9 施工方案专家论证会

10—12 专家现场考察指导

7

8

9

10

11

12

1—2 后罩楼修缮前后

1

2

3 银安殿复建中

4 银安殿复建后

府邸银安殿夜景

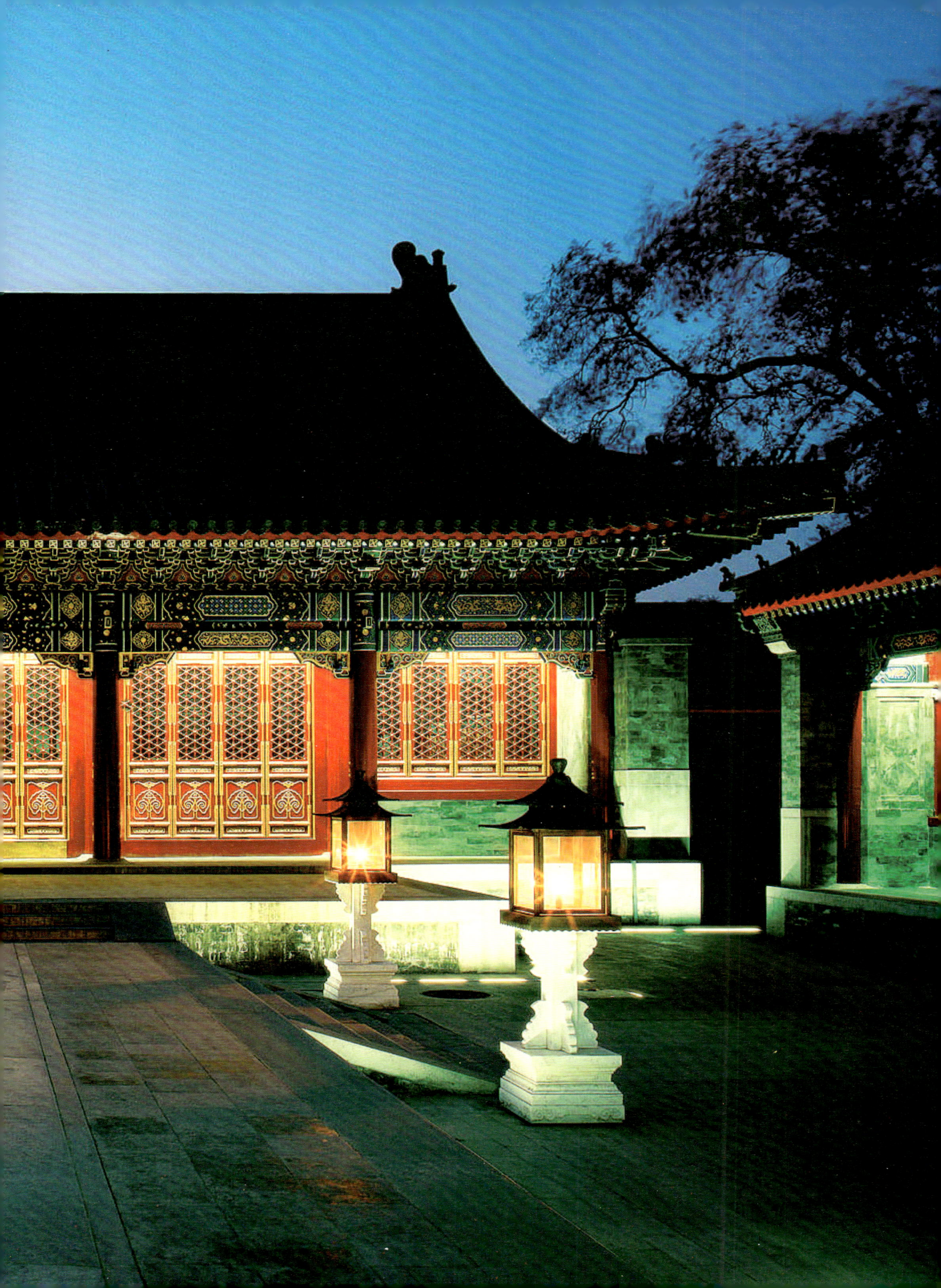

1　府邸锡晋斋垂花门内

2　花园方塘水榭

3 府邸嘉乐堂

4 花园蝠池

花园大戏楼内景

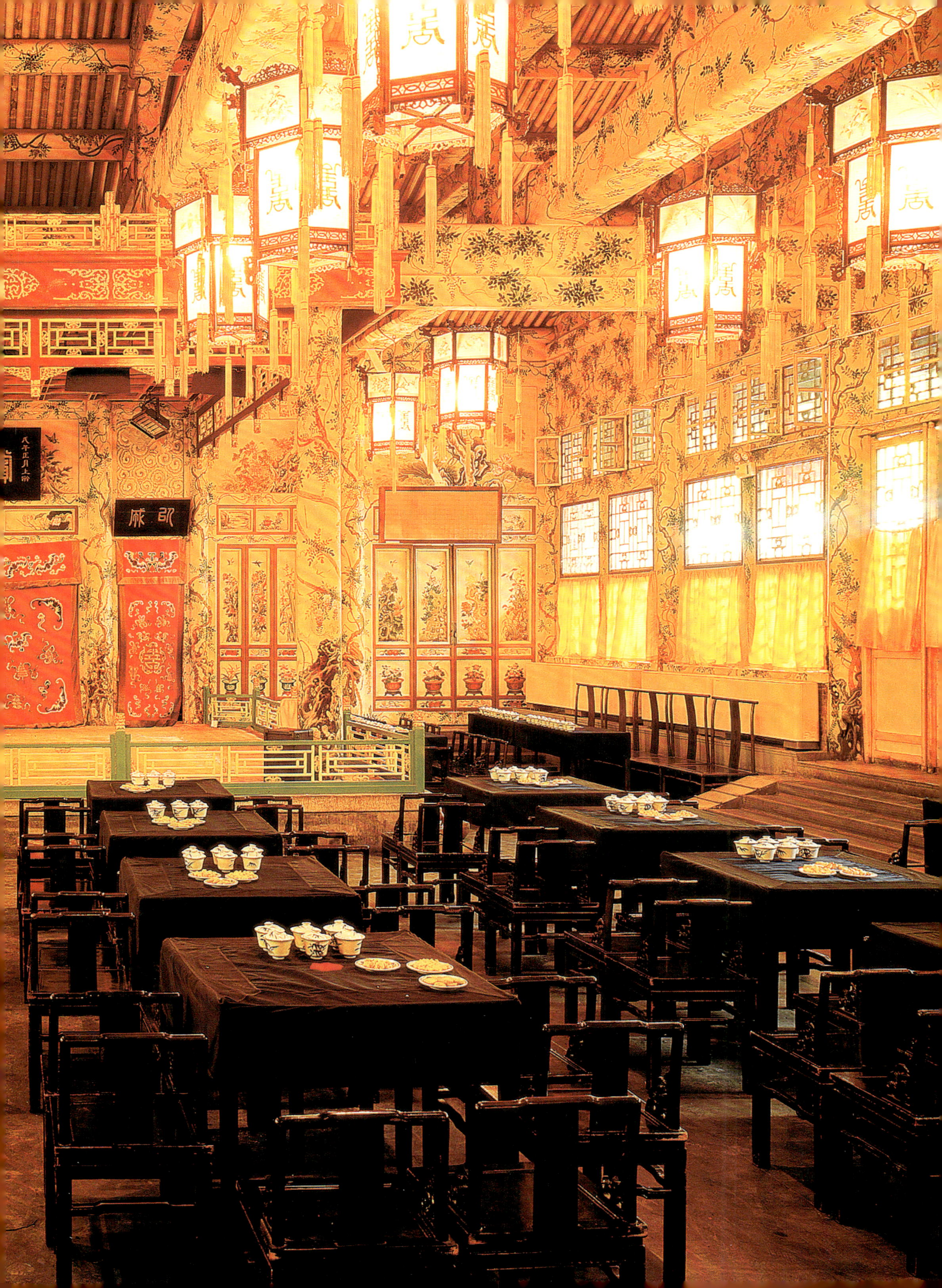

2

第二章

奋楫笃行 使命担肩

随着1988年恭王府花园开放，恭博人的工作重心逐步由保护修复转移到展示开放上来。20世纪60至90年代，围绕在恭王府遗址基础上建立博物馆以及建立什么主题博物馆的讨论一直在进行，最终在21世纪初，根据恭王府及花园的自身特点，决定建立以王府历史文化为特色的博物馆——恭王府博物馆。自此恭博人明确内涵定位，深挖历史文化资源，在博物馆事业航程上砥砺奋进，以坚定的信念肩负起文博建设使命，实现了由景区向博物馆的又一次转变和提升。

40th

1983年，文化部恭王府修复管理处成立后，按照"先易后难、先花园后府邸，边搬迁、边修复、边开放"的原则，加紧了对花园区域的清理和抢救性修缮工作。经过将近5年时间的不懈努力，1988年恭王府花园基本完成原貌修复，于同年7月试开放，同年文化部恭王府修复管理处更名为文化部恭王府管理处。

恭王府花园正式对社会开放后以其独特的历史文化艺术价值，迅速成为展示中国传统文化和古建之美的窗口，与此同时关于将恭王府建成曹雪芹纪念馆、国家级戏曲博物馆、中国传统艺术博物馆的各种设想时有提出。

2003年，文化部恭王府管理处升格成为文化部恭王府管理中心，根据上级部门决定，以恭王府原址为基础，筹建国家级的王府博物馆，由此开启了对王府历史文化的发掘、整理和研究工作。

2008年，恭王府府邸文物保护修缮工程竣工，恭王府府邸和花园全面开放，围绕充实馆藏、丰富展览、加强社教等博物馆核心业务进行了众多实践，并在研究探索的基础上恢复、创新了系列品牌文化活动。

2017年，恭王府博物馆晋升为国家一级博物馆，国际交流日益丰富，品牌活动特色凸显。在明确恭王府博物馆是建立在恭王府遗址基础上，以王府历史文化研究展示传播为核心的社区博物馆的定位后，"学术恭博""公众恭博"职能更加突出，逐步实现了从单一旅游开放向全面业务建设、从游览景区向国家一级博物馆的转变。

1　山中让夫妇展示恭王府旧影　　2　毓嶦夫妇捐赠溥伟书法

文物藏品·踊跃输将

　　1988年恭王府花园开放，古老建筑焕发新的光彩，然而历史上藏存于恭王府的文物早已流失殆尽。1989年恭王府花园开放不久，美籍华人万公潜先生远渡重洋来到恭亲王奕訢之孙溥心畬生活的故园——恭王府花园，亲手捐赠出自己收藏的溥心畬的书画作品和书信。这批溥心畬的作品成为最早的重点藏品，此后又通过举办爱新觉罗家族书画展等形式入藏了一批书画作品。

　　花园开放时期还曾收购一批清代家具，并邀请著名学者朱家溍先生指导陈设了花园中的香雪坞、听雨轩两间展厅。这两间展厅内的陈设格局至今没有改变，香雪坞因形似潇湘馆备受关注，听雨轩因为曾是多部热播电视剧的拍摄地而成为观众参观的热点之一。

　　2004年，经过日本东北大学富田升教授介绍，恭王府与日本山中商会的现任会长山中让先生建立了联系，获赠一本1913年日本山中商会在美国纽约拍卖恭王府旧藏的拍卖图录。这本拍卖图录上详细记录了曾在美国纽约拍卖的恭王府旧藏文物的图片、尺寸等信息，首次展现出恭王府旧藏文物原貌，因而成为研究恭王府旧藏文

1　　　　　　　　　2

3 史树青先生受聘文物鉴定专家组组长　　4 征集文物新闻发布会

物的重要文献资料。2005年，富田升教授又将他在日本开展的关于清代王府文物流失的研究成果通过国家文物局转达，为王府历史文化研究增添新的资料。

为解决缺少文物藏品的情况，2004年召开了面向社会征集王府文物的新闻发布会。新闻发布会后，众多信息纷至沓来，经过业务人员认真梳理和鉴定，充实了多件符合王府规制、适合恭王府展览的文物。同时，还接收了多项藏品捐赠：文物界泰斗史树青先生捐赠了清代"行有恒堂"折扇；恭亲王后裔毓嶦先生捐赠了溥伟的手书"静观"；社会爱心人士捐赠清代酸枝木家具3件，等等。

为保证藏品征集准确，2005年3月设立文物鉴定专家组，聘请史树青先生为鉴定组组长；2009年5月成立恭王府鉴定专业委员会，聘请杨伯达先生为委员会主任。

3　　4

2005年，北京大学图书馆原馆长陈鸿舜的女儿陈岚女士获悉恭王府府邸修缮需要老照片，捐赠了65张其父于1940年拍摄的恭王府原版照片。这些照片为研究多福轩、锡晋斋、后罩楼佛堂等殿堂的复原陈列，提供了第一手的资料。

2006年，曾在辅仁大学读书任教的美籍华人曾佑和教授来到了恭王府。曾佑和教授在参观恭王府花园后，触动了青春时的回忆。曾佑和说，她在这里学习成长，

1　万公潜先生在捐赠仪式上发言　　　　3　万公潜先生捐赠的溥心畬绘画作品

2　曾佑和教授在捐赠仪式现场接受采访

也在这里从师溥雪斋、溥心畬、启功等大师,开启了她通往艺术殿堂的大门,更是在这里与她的丈夫艾克教授相识相知相恋,同时,艾克教授还是溥伟和溥心畬的英文教师。这诸多的渊源,以及恭王府工作人员对文物保护和研究的热情,让她最终决定将其收藏的七件明代黄花梨家具捐赠给恭王府,希望这批珍贵明代家具——艾克教授研究的范例,在恭王府能得到最好的保护并传之久远。

4 2011年，回流文物——清代郎窑红荸荠瓶　　5 2017年，回流文物——清代白玉鸟形对盒

　　2011年，恭王府终于迎回第一件王府旧藏文物——清代郎窑红荸荠瓶；2014年，恭王府旧藏的清代翡翠雕龙玉瓶几经周折回归王府；2017年，一对清代白玉鸟形对盒被收入已获颁国家一级博物馆的恭王府藏品序列之中。至此，恭王府旧藏文物回流的数量为3件（套）。虽然这个数字并不惊人，但每一件文物的回归，都凝聚着恭王府人热切的期盼，都是常年耐心梳理流失文物信息，积极与国内外专业藏家机构联络，以及众多支持恭王府博物馆业务的人士关心、努力的结果。恭王府旧藏文物的回流也为清代王府文化研究提供了研究实例，满足了广大观众对历史场景复原陈列的迫切需要，是恭王府作为王府博物馆的价值体现。

4　　5

　　2013年，恭王府文物藏品有了数量上的飞跃，北京海关通过国家文物局，将其30年间罚没的一万余件文物和艺术品转交给了恭王府。此批文物及艺术品数量巨大，品种繁多，时代跨度长，包括了青铜器、瓷器、古籍善本及字画、织绣、造像、木器、玉器、钱币、化石等多种类别。

1　陈鸿舜先生收藏恭王府老照片捐赠仪式　　2　陈鸿舜先生拍摄的老照片——恭王府锡晋斋

2005年,国家文物局利用"国家重点珍贵文物征集回流专项资金",从香港征集回流了50件明清家具,于2006年由恭王府代为保管,其间部分家具曾长期借展至国博"大美木艺"展。2018年6月7日,国家文物局来函,将这批代管12年之久的珍贵明清家具正式划拨更名后的恭王府博物馆。这次划拨文物价值之高,充分体现出国家文物局对恭王府多年来文物保护工作的充分肯定,也是对恭王府晋级国家一级博物馆后的巨大支持。

与此同时,恭王府博物馆还陆续入藏溥心畲课徒稿、周汝昌先生文献资料、民间年画皮影等与自身业务紧密相关的文物、文献、民间工艺美术作品等万余件,极大地丰富了馆藏。

纵观近20年来文物藏品工作,通过主动征集、国家调拨、旧藏回流、热心人士捐赠等多种渠道,馆藏藏品数量从最初的几百件到现在的6万余件,无论是数量上还是质量上,都有着显著的提高,也见证了恭王府从旅游景点向国家一级博物馆迈进的艰辛路程。

3—8 海关移交艺术品交接入藏整理工作

3

4

5

6

7

8

1 黄花梨牙板裁边五节圈椅　明

2 黄花梨壸门牙子南官帽椅　明

黄花梨围屏　明

第一章
梯山航海 初心如磐

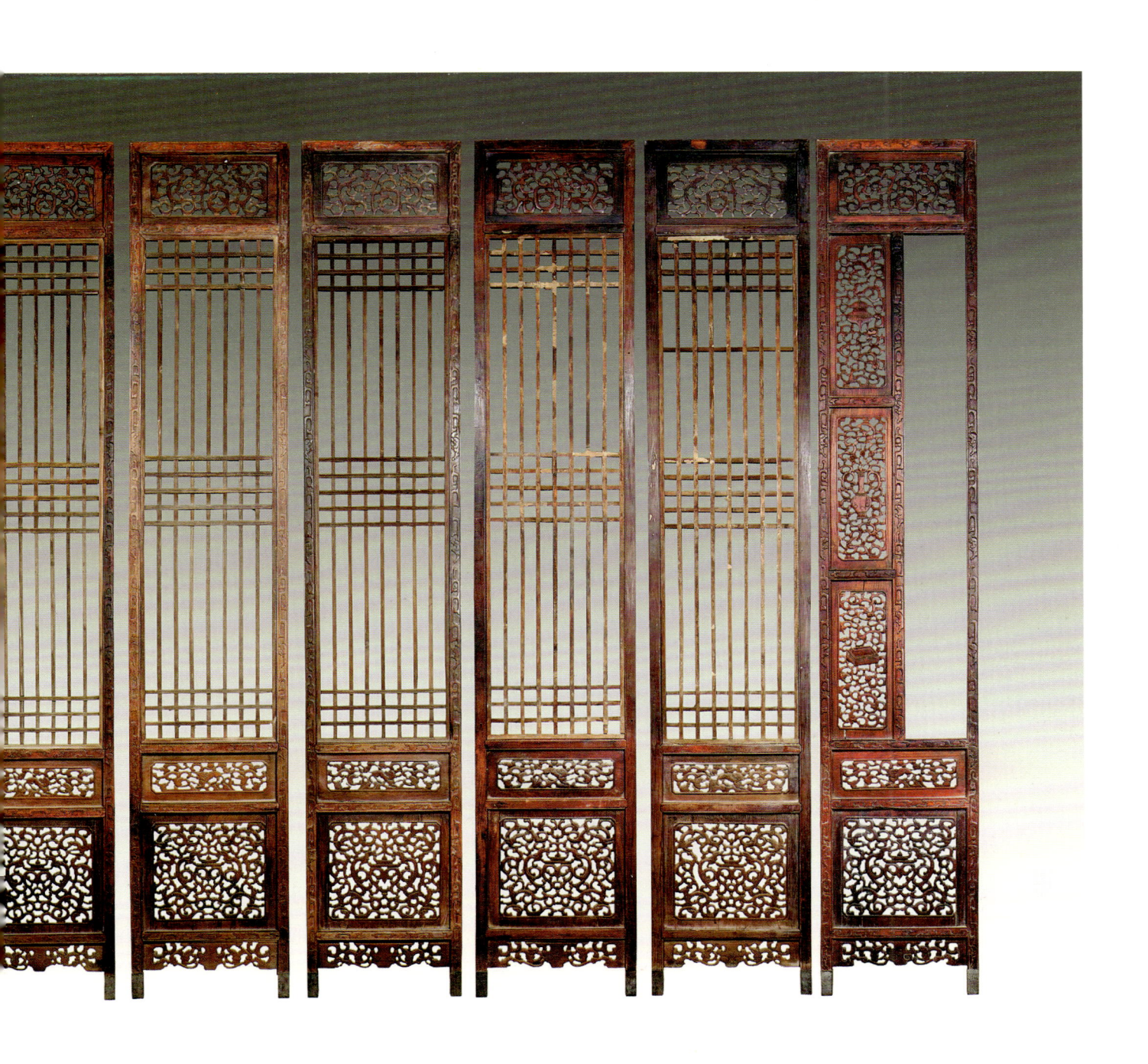

1 康熙嵌螺钿婴戏图方角柜 清

2 酸枝木嵌螺钿镶理石架子床 清

1 黄地九桃天球瓶　清

2 粉彩人物纹瓶　清

1 铜胎画珐琅绿松石花卉盆景 清

2 溥心畬 团扇

1 溥心畬　淡墨山水

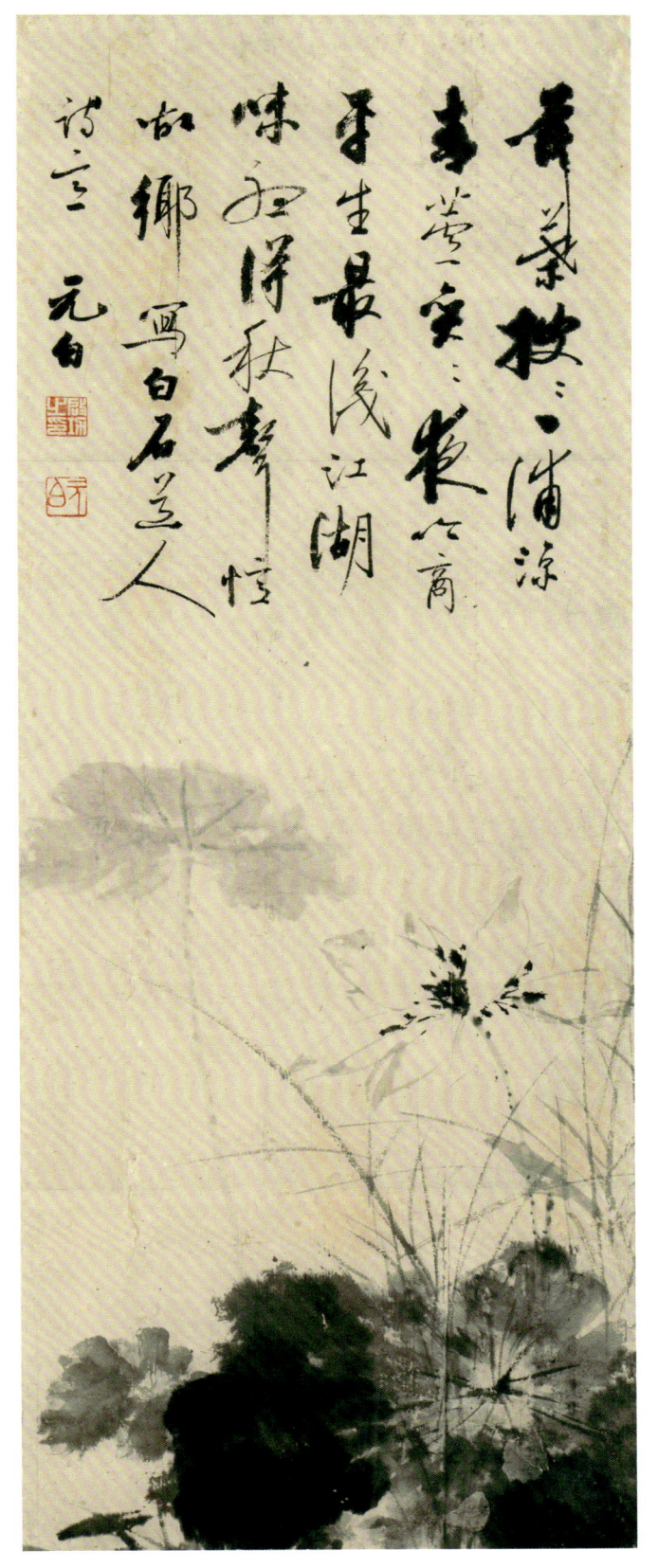

2　启功　墨荷图

1 溥心畬 事事如意

2 溥心畬　设色山水烟岫图

1 清代王府文化展　　2 京师觅王府——清代王府老照片展

陈列展览·众彩纷呈

陈列展览是博物馆的中心工作之一，恭王府博物馆结合自身资源优势，举办文物展、研究展、非遗展、对外交流展等多领域陈列展览，且各具特色。

常设展

众多藏品的入藏，充实了恭王府各大殿堂的展线。作为向社会全面开放的清代王府，复原陈列展无疑是最具特点和吸引力的。2008年，修复一新的恭王府全面向社

1
2

会开放，通过业务人员的不懈研究，多福轩、锡晋斋等复原陈列展厅成为观众参观的必到之地。

与此同时，"清代王府文化展""恭王府历史沿革展""恭王府府邸修缮实录展""《红楼梦》与恭王府专题展"等一批内涵丰富的常设展同时推出，为观众了解王府历史文化和恭王府历史沿革提供了最直观的展示。

文物展

早在花园开放时期，以溥心畬作品为核心展品举办过多次展览，全面开放后，随着研究不断深入，相继推出溥心畬诞辰纪念展、松风画会纪事展、溥心畬画稿展等

3 2009年，静谧顿悟——恭王府全面开放一周年文物特展
4 2012年，梅香翠雅——四川遂宁宋代窖藏瓷器展
5 2016年，溥心畬诞辰120周年纪念特展
6 2018年，松风画会纪事展

学术性更强的展览。与故宫博物院、国家博物馆、辽宁省博物馆、青州市博物馆等各兄弟单位联合举办的文物主题展，丰富了观众参观的内容，既呈现了王府历史文化研究的成果，又推进了恭王府博物馆业务的发展。

近几年深挖资源，开展合作，不断推进更高质量的展览。2023年8月，与景德镇御窑博物院联合主办的"四时花开——景德镇御窑遗址出土明代瓷器恭王府博物馆特展"在恭王府博物馆乐道堂展厅开展。不同于以往从制度、工艺、品种等层面

3　　　　　　　　　　　　　　　　4

5　　　　　　　　　　　　　　　　6

对御窑出土瓷器的解读，本次展览以恭王府四季景象为背景，从瓷器上的花卉植物纹样和茶、酒、花、香等器用的角度，在古与今、恭王府与景德镇御窑之间展开对话。2023年9月，与故宫博物院共同主办"喜溢华庭——清代宫中少年生活文物展"，

1 2023年，四时花开——景德镇御窑遗址出土明代瓷器恭王府博物馆特展

2 2023年，喜溢华庭——清代宫中少年生活文物展

遴选120余件精品文物，通过天伦、美器、祈福、崇文和修武五个单元为观众展示皇子公主们的少年生活。展品中有国家一级、二级珍贵文物，其中大部分文物是首次与公众见面。

研究展

近年在引进文物展的基础上，加强对馆藏藏品和流散文物的研究、梳理，推出系列研究展。

立足我馆现当代藏品研究，2021-2023年相继举办"九朽一罢——馆藏溥心畲画稿研究展（第一回）""曾获良驹——馆藏溥心畲画稿研究展（第二回）""解味芳翰——周汝昌旧藏碑帖研究展"等展览，进一步丰富了博物馆的内涵。特别是"馆藏溥心畲画稿研究展"，首次对馆藏溥心畲画稿的整体面貌进行系统的研究和展示，在筹备之初即确定了"三回一系列"的展出计划，保证了研究和展览的延续性。

2023年12月，恭王府博物馆创建40周年之际，推出与辽宁省博物馆、故宫博物院联合主办的"胸罗锦绣——恭王府旧藏丝绣珍品研究展"，集中展示14件恭王府旧藏丝绣珍品以及大量老照片和珍贵文献，令广大观者较为全面的了解恭王府丝绣"聚、散、归"的过程，使人们更加认识到新时代重视文化建设、重视文物保护的重要性和必要性。

3 胸罗锦绣——恭王府旧藏丝绣珍品研究展展览效果图

4 "胸罗锦绣"展展品——缂丝鹊雏待饲图卷（辽宁省博物馆藏）

5 "胸罗锦绣"展展品——缂丝芦雁图（故宫博物院藏）

非遗展

非遗展是恭王府近十年来不断尝试、逐步成熟的新展览系列，以四展三研为主要特色，将多项国家级非遗项目引进恭王府展览展示，逐步建立了"传承技艺　美丽中国——国家级非物质文化遗产传统技艺精品专题展""欣欣向荣——非遗助力乡村振兴区域展"等展览品牌。恭王府府邸院落构造紧凑、展厅小而精巧，十分适合非遗技艺的展示。观众既能在展厅内欣赏高水平的静态展览，又能在室外院落感受民间艺术、习俗、手工艺等动态展演，还能与非遗传承人面对面交流、观摩技艺制作流程活态展示。几年来，涵盖年画、剪纸、皮影、织染绣、陶瓷、木雕、竹编等数十种近百场非遗展示活动在恭王府博物馆一一亮相，"从生活中来，到生活中去"

1—2 2015年，化生：《白蛇传》的古本与今相皮影展

1

2

的非遗保护理念深入人心。社会影响力较大，颇具代表性的非遗展如"画中有戏——传统年画精品展""化生：《白蛇传》的古本与今相皮影展""口传心授——香港特别行政区非物质文化遗产展""大匠之手泽　年代之磋磨——中国传统建筑模型制作技艺展"等，进一步拉近了博物馆与观众的距离。

对外交流展览活动

随着恭王府博物馆业务的拓宽，藏品也开始走向国内外各大博物馆，溥心畬作品在可园博物馆展览、明清家具赴意大利展览、在丹麦菲特烈堡和美国布莱恩特大学等地举办恭王府专题展等，这些展览让更多的人了解了恭王府，关注了王府历史文化研究。

2012年2月，在德国柏林中国文化中心成功举办的"贵胄风华——恭王府宣传月系列文化活动"是恭王府赴外展览的初次尝试。同年10月，"北京的恭王府：丹麦菲特烈堡之行展"在丹麦菲特烈堡宫盛大开幕，丹麦女王玛格丽特二世和丈夫亨里克亲王出席了仪式。2014年8月，"北京的恭王府"图片展在波兰瓦津基皇家公园隆重开幕。2015年7月，"北京的恭王府——王府历史与皮影艺术展"在新西兰坎特伯雷博物馆展出，中国的传统文化技艺在海外赢得广泛关注。2018年9月和2019年10月分别在丹麦菲特烈堡国家历史博物馆和日本东京中国文化中心举办"彩缕绣

3 2010年，野天鹅——安徒生童话幕后的故事展　　4—6 2013年，波兰华沙瓦津基博物馆"中国园"项目施工现场

吉祥——恭王府馆藏民间刺绣艺术品展"，受到当地民众的喜爱。

为纪念中波建交65周年，2013年，恭王府博物馆作为项目合作单位，受邀在波兰华沙市中心瓦津基博物馆实施建造"中国园"项目，该园被当地媒体赞誉为"中波友谊的永久性标志"。

3

4

5

6

在赴外交流办展的同时，恭王府博物馆持续策划、引进高质量外展，如2008年"中国·丹麦1600—2000"展，2010年"野天鹅——安徒生童话幕后的故事：丹麦女王玛格丽特二世为电影《野天鹅》创作的蝶古巴特及服装设计作品展"，2017年俄罗斯圣彼得堡皇村掠影展等不同类型、异彩纷呈的展览，令前来恭王府博物馆参观的观众，有机会感受中国传统古建园林与西方文化艺术的交会与碰撞。

1　京师觅王府——清代王府老照片展

2—3　清代王府文化展

4　恭王府历史沿革展

4

1—2　《红楼梦》与恭王府专题展

3　　周汝昌纪念馆展览

4　　周汝昌纪念馆

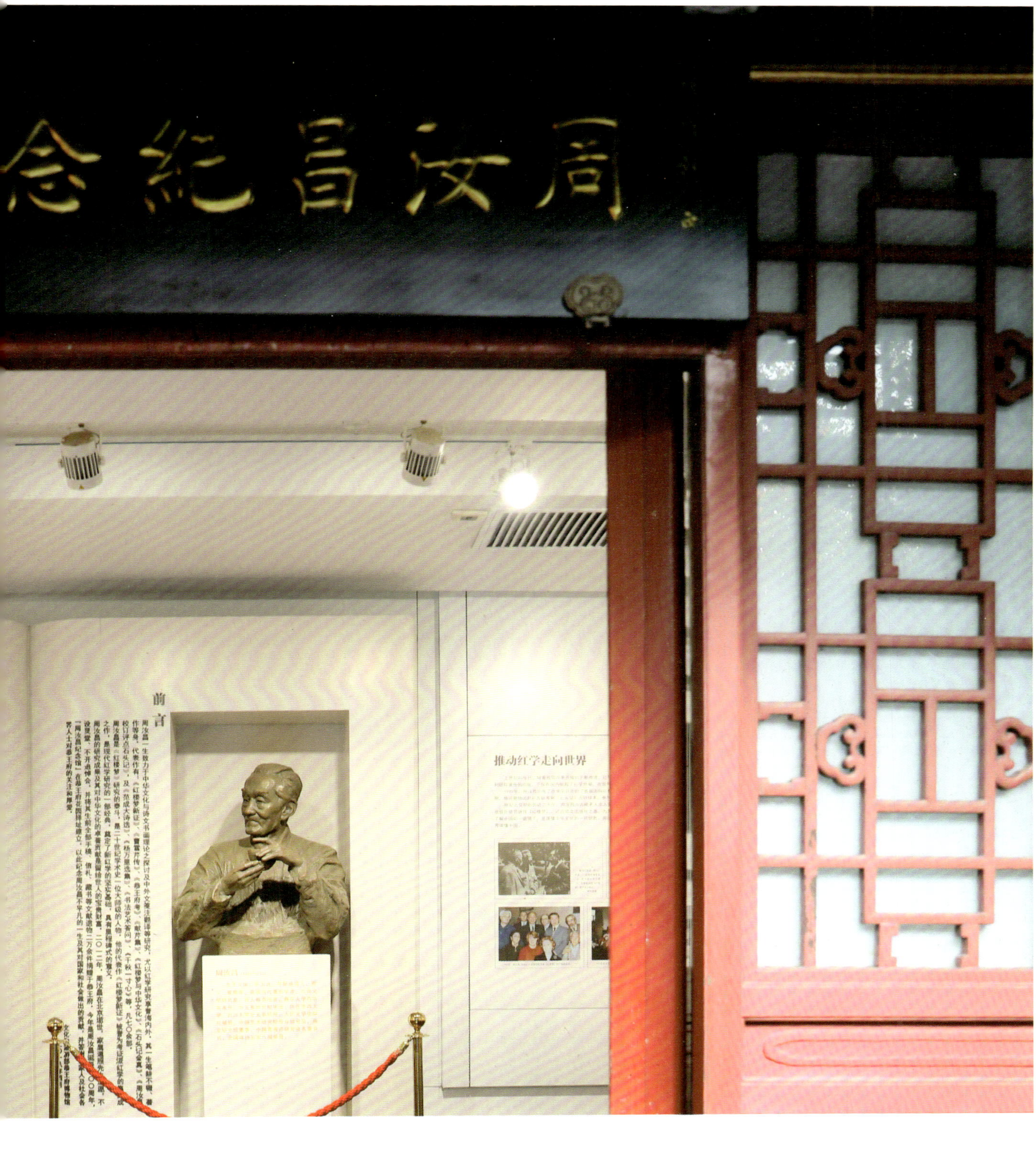

4

1　2019年，萃锦囊怀——清代艺术珍宝展

2　2020年，惠风和畅——恭王府馆藏扇面艺术作品展

3—4　2023年，喜溢华庭——清代宫中少年生活文物展

第二章
奋楫笃行 使命担肩

1—4 2023年，四时花开——景德镇御窑遗址出土明代瓷器恭王府博物馆特展

059

第二章
奋楫笃行 使命担肩

1　　2021年，九朽一罢——馆藏溥心畲画稿研究展（第一回）

2—3　2023年，解味芳翰——周汝昌旧藏碑帖研究展

4　　2023年，曾获良驹——馆藏溥心畲画稿研究展（第二回）

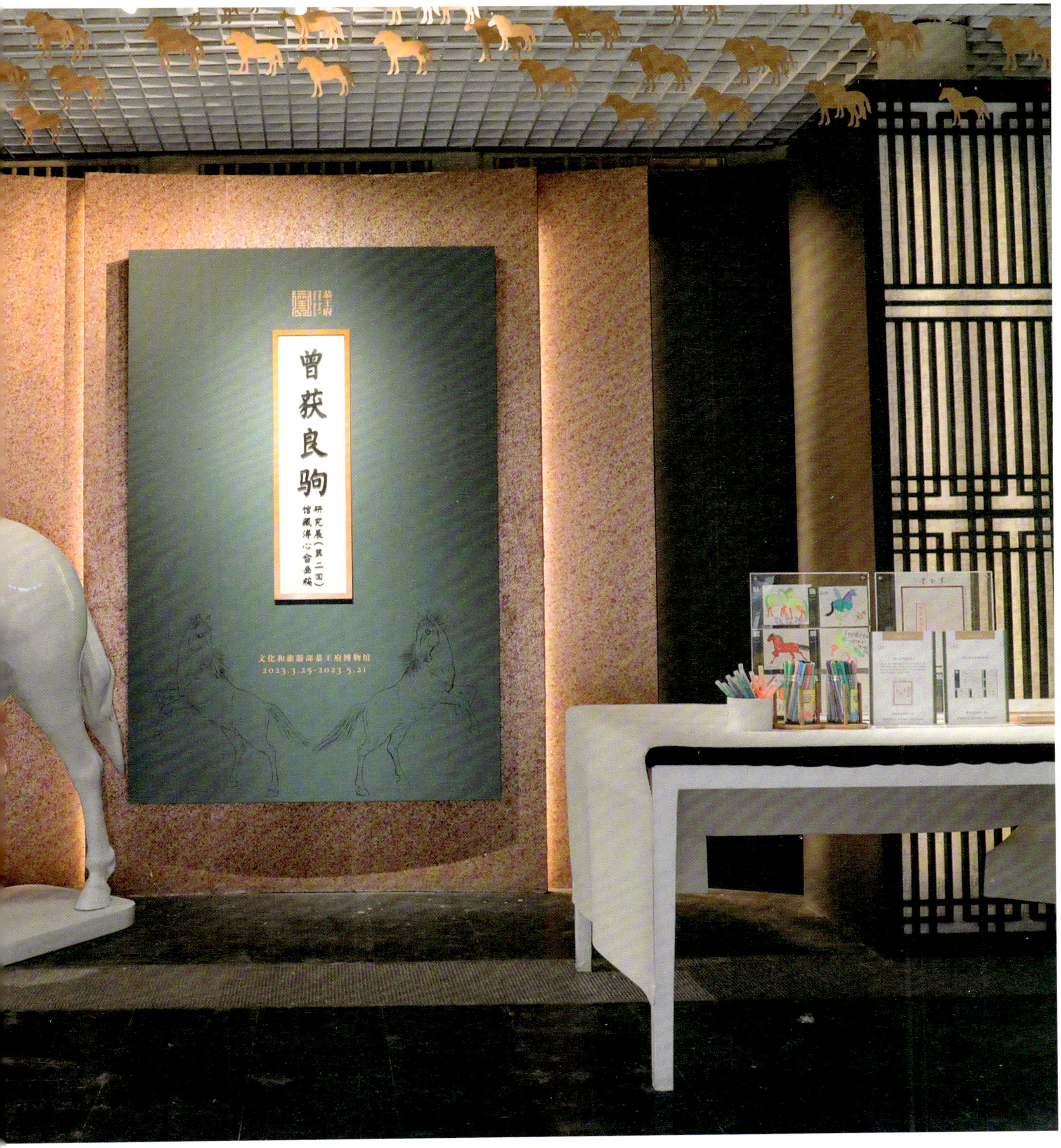

4

1　2018年，千年潍水——国家级潍水文化生态保护试验区（潍坊）保护成果展

2　2018年，强基础·拓眼界·增学养——中国非物质文化遗产传承人群研培计划优秀成果展

3　2018年，传承德泽　丰芜康宁——河北承德满族文化遗产精品展

4　2019年，绩续——夏布技艺传承与文化生活展

063

第二章
奋楫笃行 使命担肩

1—2　2017年，帝京岁时——北京年画展

3—4　2019年，疾风知劲草　时代颂忠良——杨家将专题非物质文化遗产精品展

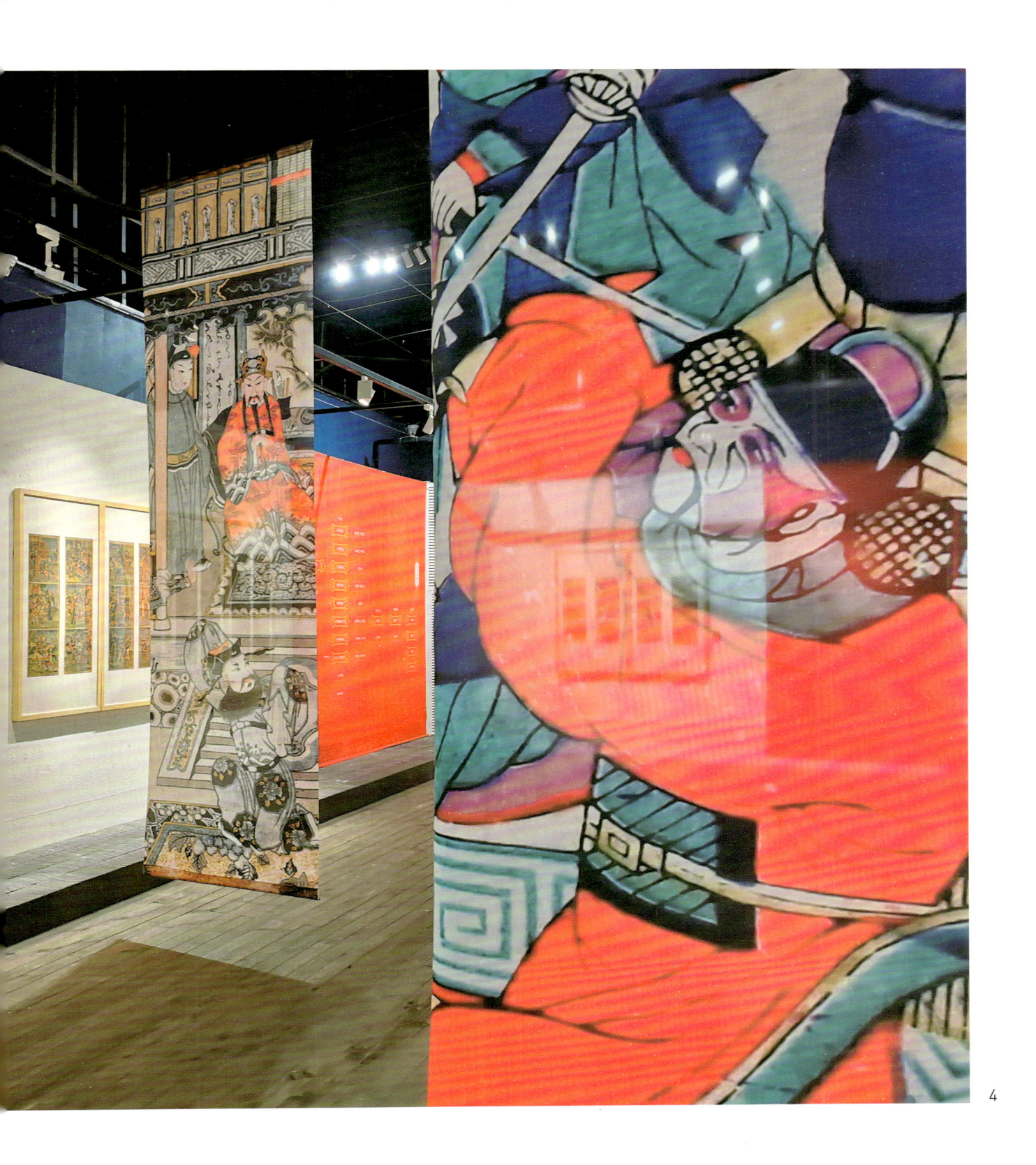

第二章
奋楫笃行 使命担肩

1—4 2019年，广作华章——广绣历史文化与传承展

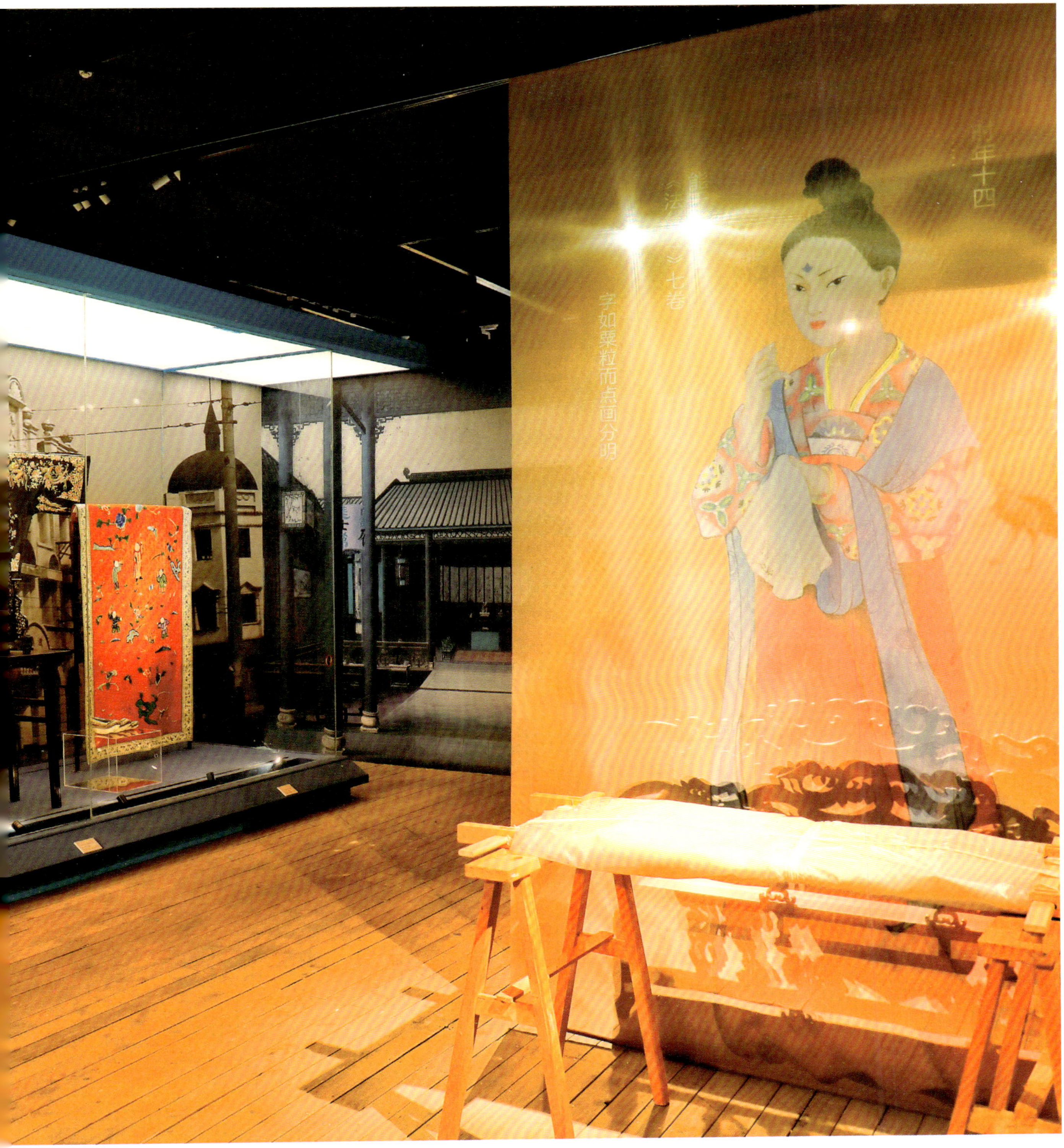

4

1—2 2018年，口传心授——香港特别行政区非物质文化遗产展

3—4 2021年，福安坦洋工夫茶制作技艺精品展

069

第二章 奋楫笃行 使命担肩

1—4　2020年，三山湟水间　花儿与少年——青海西宁非物质文化遗产精品展

071

第二章
奋楫笃行 使命担肩

1—4 2023年，大匠之手泽 年代之磋磨——中国传统建筑模型制作技艺展

072

与时偕行
一苇以杭

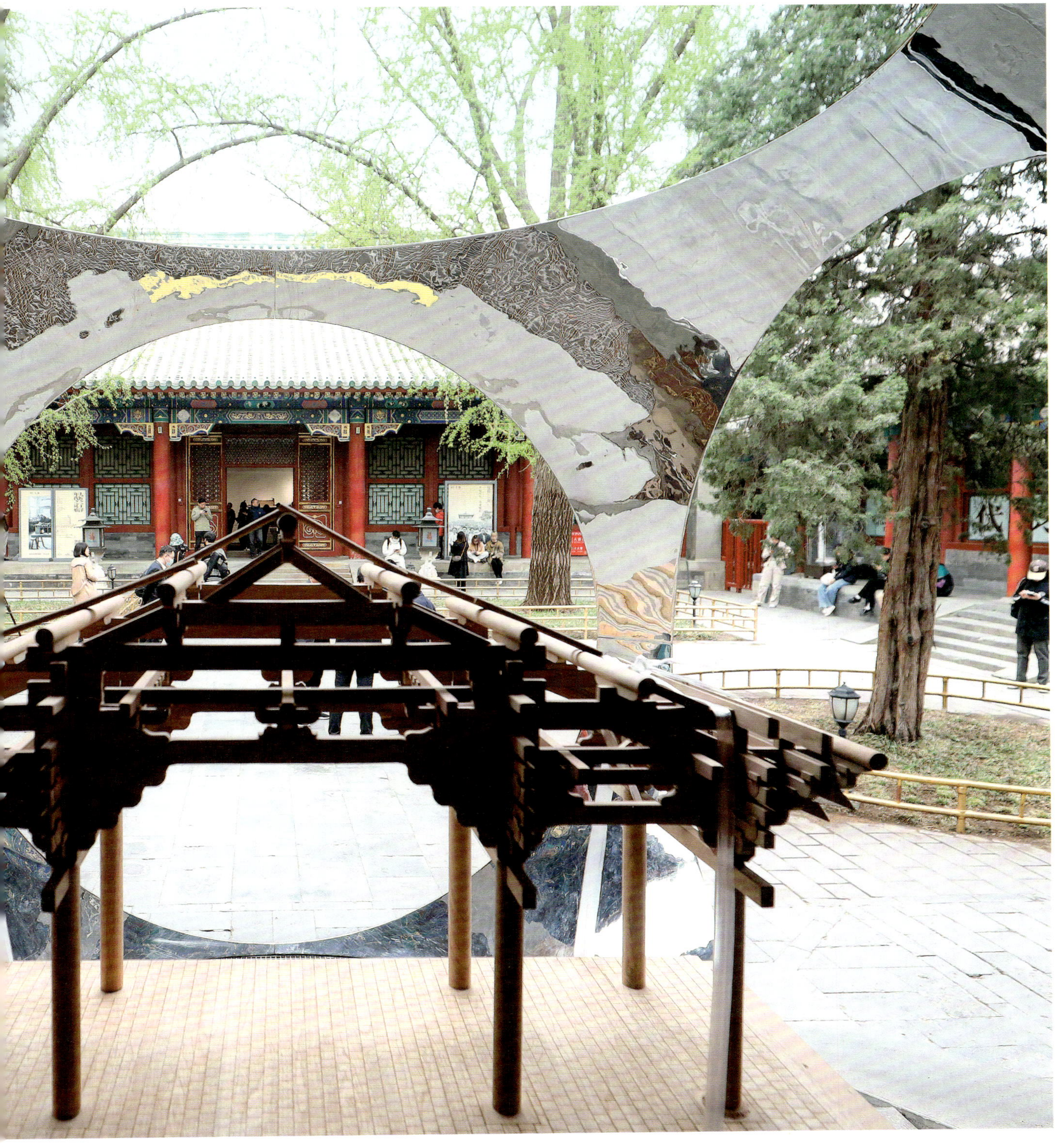

4

1　　2015年，国家记忆：有一种风格是《人民画报》——《人民画报》创刊65周年经典作品展

2—3　2015年，恭王府影像艺术系列展——9·3大阅兵摄影展

4　　2018年，时和岁风——清代王府的时间美学·关欣摄影作品展

075

第二章
奋楫笃行 使命担肩

2012年，北京的恭王府·丹麦菲特烈堡之行展

4

1　　2008年，中国·丹麦1600—2000展

2—3　2015年，北京的恭王府——王府历史与皮影艺术展（新西兰坎特伯雷博物馆）

4　　2019年，锦绣中华——中国非物质文化遗产苏绣精品展（德国柏林中国文化中心）

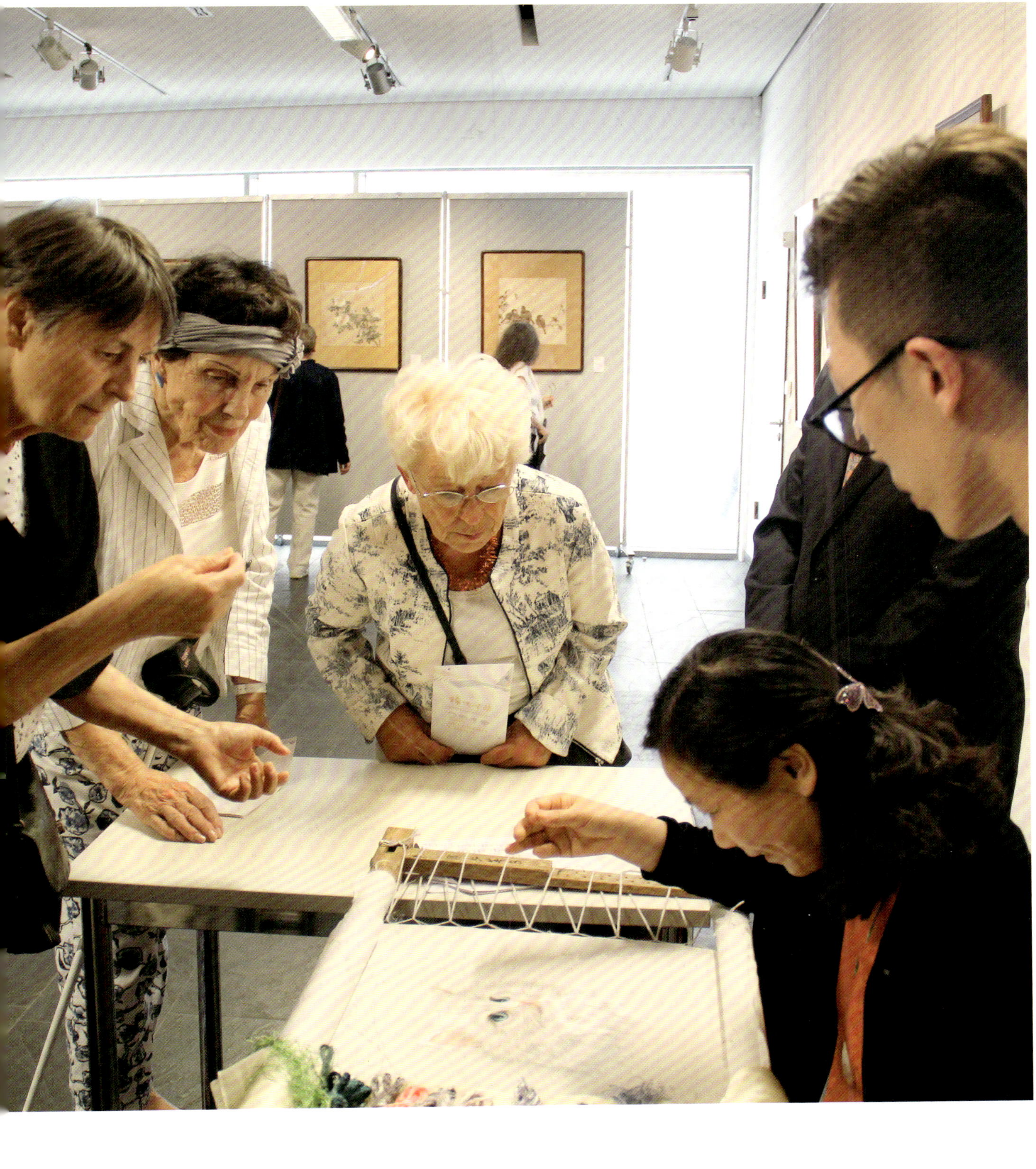

4

2019年，17—21世纪丹麦王公贵族织绣品：恭王府博物馆特展

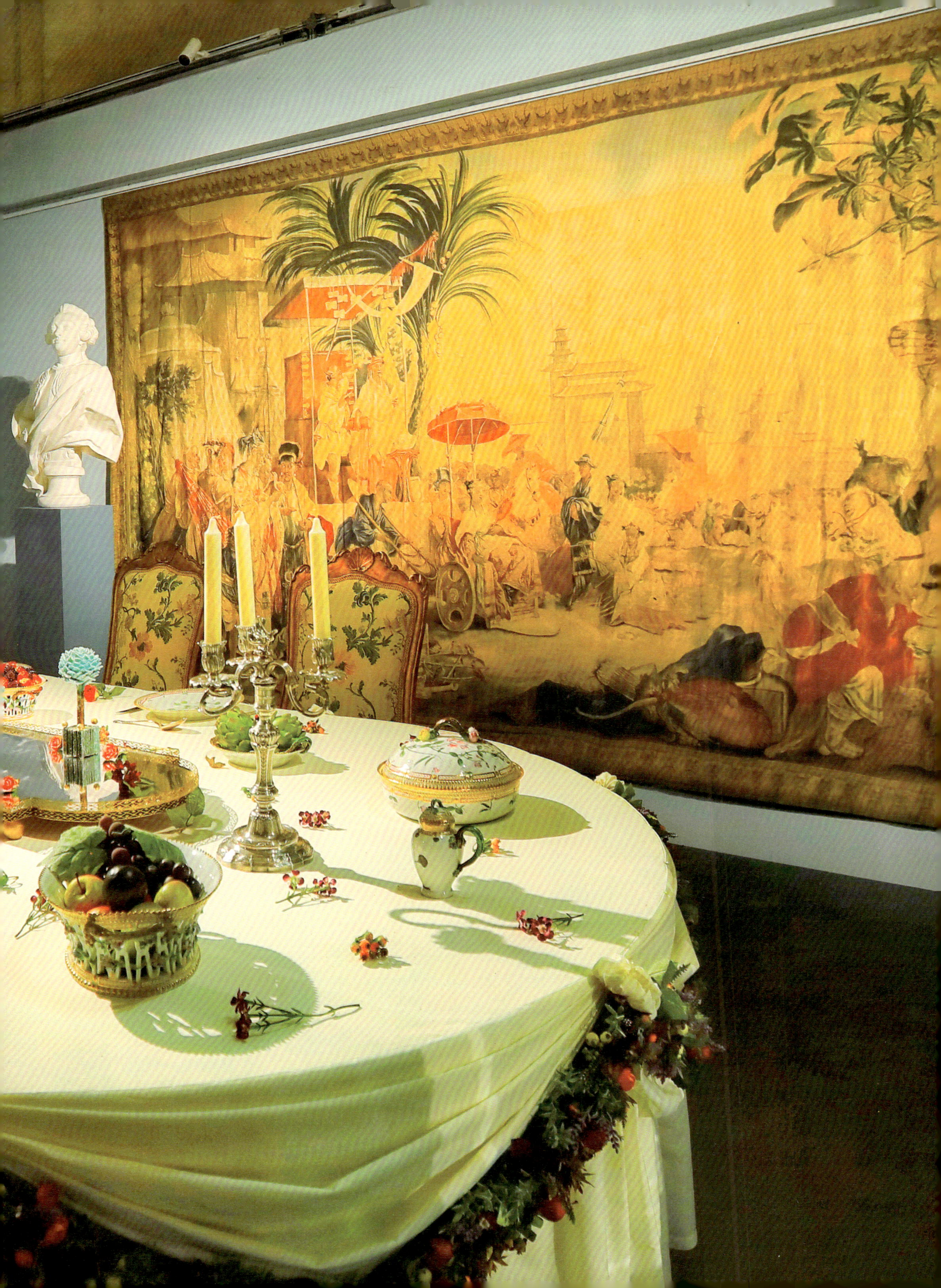

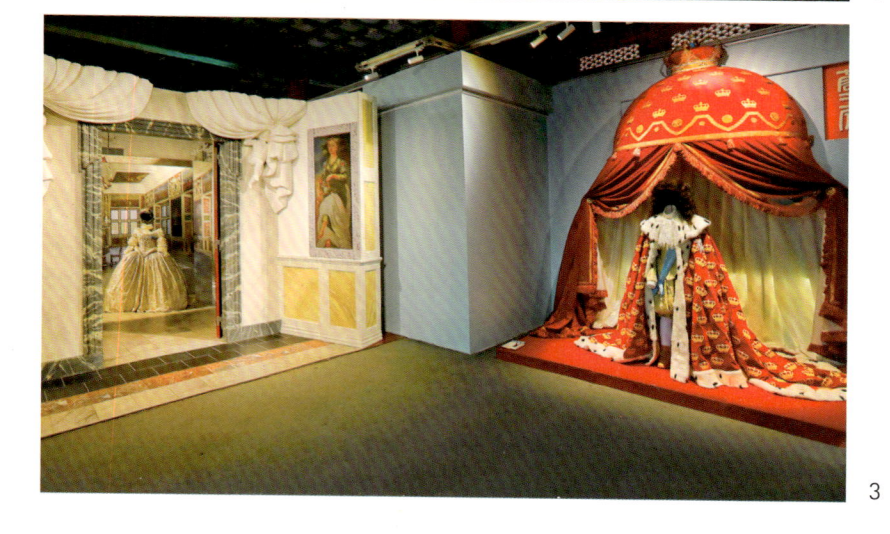

1—4 2019年，17—21世纪丹麦王公贵族织绣品：恭王府博物馆特展

082

与时偕行
一苇以杭

第二章

奋楫笃行 使命担肩

恭王府上新展！120余件文物揭秘皇子公主日常

北京日报客户端　2023-09-25 16:17

北京日报客户端 | 记者 刘冕 武亦彬

皇子的"文具盒"不仅做墨盒，还能当冠架；公主的……皇子的"体育课表"上，枪击飞雁、策马追狐、弯弓……皇子公主相关文物在恭王府博物馆展出，揭秘皇……

中国传统建筑模型制作技艺展亮相恭王府博物馆

发布时间：2023年03月21日 15:54　来源：中国新闻网

"锦绣中华——2021中国非物质文化遗产服饰秀"海南崖州精彩呈现

来源：中国艺术报　作者：王春梅
2021-03-16 19:52:26

模特现场展示服饰（图片由主办方提供）

由文化和旅游部恭王府博物馆、中国文化遗产研究院共同主办的"大匠之手泽"展览展出了120余件由中国文化遗产研究院收藏、20世纪30至50年代制作的珍贵……展览共分为"大匠之心""映照之韵""结构之趣"三个部分，围绕着"人、艺……型，"映照之韵"展区通过多媒体影像、空间装置、智化寺如来殿模型、明清北京……造基础知识的传达，呈现古建筑的结构趣味。佛光寺大殿梁架模型、故宫转角斗拱模……据悉，展览将持续至6月25日。（记者 应妮 制作 王嘉怡）

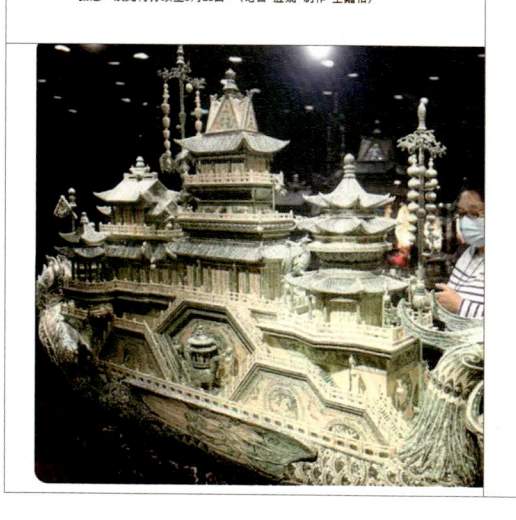

3月14日至15日，由文化和旅游部非物质文化遗产司指导，文化和旅游部恭王府博物馆联合海南省旅游和文化广电体育厅等单位共同举办的"锦绣中华——2021中国非物质文化遗产服饰秀"系列活动在海南省三亚市崖州古城精彩呈现。

本次主题以"锦绣中华、衣被天下""活态传承、美好生活"为主题，呈现"南溟吉贝——黎锦主题非遗服饰秀""织山绣水——苗族织染绣主题非遗服饰秀""锦衣御裳——宋锦主题非遗服饰秀""点染华章——影视剧主题非遗服饰秀"等篇章。多项非物质文化遗产代表性项目与现代服饰设计的巧妙融合，呈现传统工艺的技艺精湛和创意设计的奇思妙想。

揭秘清宫皇

CCTV 央视网 新闻

"非遗服饰奇妙秀"开启！传统工艺融合

央视新闻客户端　2021年03月14日 20:58

作为文化和旅游部振兴中国传统工艺的非遗品牌项目，"锦绣…三亚市崖州古…

"阅见非遗"，青年网络作家采风活动走进恭…府

新闻　2023-06-15 13:09

4日，文化和旅游部恭王府博物馆举办"阅见非遗"网络文学作家采风活动，邀请"狐尾""装不了""慈莲笙"等十余名阅文集团网络文学作家走进恭王府博物馆参观交流学习。

采风活动举办期间正值文化和旅游部恭王府博物馆与中国昆剧古琴研究会共同主办十六届"良辰美景·恭王府非遗演出季""泰山北斗映蓝天——古琴名家名曲专场"在恭王戏楼上演，国家级非物质文化遗产项目（古琴艺术）代表性传承人吴钊、赵家珍、丁承运等多位大师悉数登台，演奏了《关山月》《广陵散》《忆故人》《神人等古琴名曲。

级非物质文化遗产项目（古琴艺术）代表性传承人吴钊非物质文化遗产是中华优秀文化的重要组成部分，也是中华文明绵延传承的生动见证。近年来，恭王府博物馆遗保护与传承，特别是非遗展示研究方面创新性开展了大量工作，积极探索非遗融代生活的路径，体现非遗的当代价值。

99件（套）明代御窑出土瓷器特展 恭王府博物馆开展

青瞳视角　2023-08-07 16:34

"四时花开——景德镇御窑遗址出土明代瓷器恭王府博物馆特展"自2023年8月1日起开展。展览展出景德镇御窑遗址发掘出土并修复的明代花卉主题瓷器99件(套)，其中不乏孤品和珍品，极具历史、文化和艺术价值。

8月7日上午，北京青年报记者走进恭王府博物馆采访此次特展。据该馆展览部副主任张艾介绍，不同于以往从制度、工艺、品种等层面对御窑出土瓷器的解读，本次展览另辟蹊径，以恭王府四季景象为背景，从瓷器上的花卉植物纹样和茶、酒、花、香等器用的角度，在古与今、恭王府与景德镇御窑之间展开一场关于美好精雅生活的"对话"。

贝阙天工万物更新 非遗贝雕展亮相恭王府
记者　王丽晓 蔡崴丞

1—2 学术出版物

学术研究·砥志研思

　　研究是博物馆重要职能之一，是藏品征集、展览展示、公教文创等各项工作的基础。恭王府博物馆从筹建之初就非常重视研究工作。

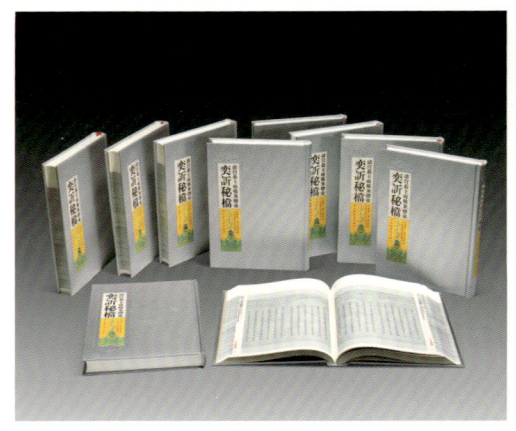

1

2

　　收集整理散佚的历史资料，印刷出版恭王府历史档案、历任府主文集、王府老照片等珍贵史料，复制恭王府旧藏文物、清代恭王府"样式雷"图，这些研究工作为恭王府博物馆的业务开展奠定了扎实的学术基础。

　　2005年8月，在京举办"清代王府及王府文化国际学术研讨会"，53名代表出席、29名代表发言、征集33篇学术论文出版，这是国内首次召开的以"王府文化"为主题的研讨会。研讨会上，专家学者们围绕"王府文化的综合性研究""王府文化的内涵与外延""王府建筑的功能和使用""王府艺术的特色""恭王府文物的流失状况"等议题展开了积极而热烈的讨论，为王府历史文化研究的深入开展奠定了基础。

　　2013年8月，在京举办"恭王府论坛——中欧王府与古堡遗址博物馆发展之道"，来自西班牙、法国、奥地利、罗马尼亚、波兰、拉脱维亚、俄罗斯、克罗地亚、丹麦、

3—4 2005年，清代王府及王府文化国际学术研讨会

3

4

葡萄牙等 11 个欧洲国家的 17 个城堡、宫殿和庄园及中国北京的颐和园、北海公园、宋庆龄故居、天坛公园，桂林靖江王府，内蒙古赤峰市喀喇沁旗王府博物馆，云南丽江古城博物馆，天津庆王府的代表和业内专家，围绕"建立合作机制，规划合作项目，共同促进中欧遗址性博物馆的保护与利用"的主题，就中国王府和欧洲城堡的历史、人文、遗产价值、保护利用、文化传播、旅游资源、合作模式等展开深入探讨与交流。

2020 年 8 月成立恭王府博物馆学术委员会，按照"王府历史文化研究""非物质文化遗产展览展示研究""文物与博物馆研究"三个研究方向成立专家组，聘请学术顾问和委员 40 余人，于 2021 年 5 月举行聘任仪式。克服本馆学术力量不足的困难，邀请中国艺术研究院、故宫博物院、国家博物馆、清华大学、中国社会科学院大学等学术研究机构专家占比 3/4，借助社会力量为我馆"十四五"时期建设"学术恭博"，促进恭王府博物馆学术研究、编辑出版、人才培养、非遗展示以及文物古建保护等工作进一步提供重要支撑。2021 年 2 月成立"中国紫禁城学会王府历史文化研究委员会"，在中国紫禁城学会理事会的领导及恭王府博物馆的指导下，主要围绕研讨交流、学术调研、课题研究、业务培训、书刊编辑、专业展览、国际合作、咨询服务等范围展开业务工作。2023 年，成功举办首届王府历史文化学术研讨会并出版论文集，定期开展"恭博讲堂"，扩大了王府历史文化研究的学术地位和影响力，向学术恭博的目标迈进。

1—4　2013年，恭王府论坛——中欧王府与古堡遗址博物馆发展之道

1

2

3

4

089

第二章
奋楫笃行 使命担肩

1　2019年，振兴传统工艺学术论坛——夏布文化与传承学术研讨会

2　2020年，振兴传统工艺学术论坛——鹤庆银器锻制技艺传承与发展学术研讨会

3　2021年，振兴传统工艺学术论坛——福安坦洋工夫茶制作技艺传承与发展学术研讨会

4　2023年，中国紫禁城学会王府历史文化研究委员会2023年会

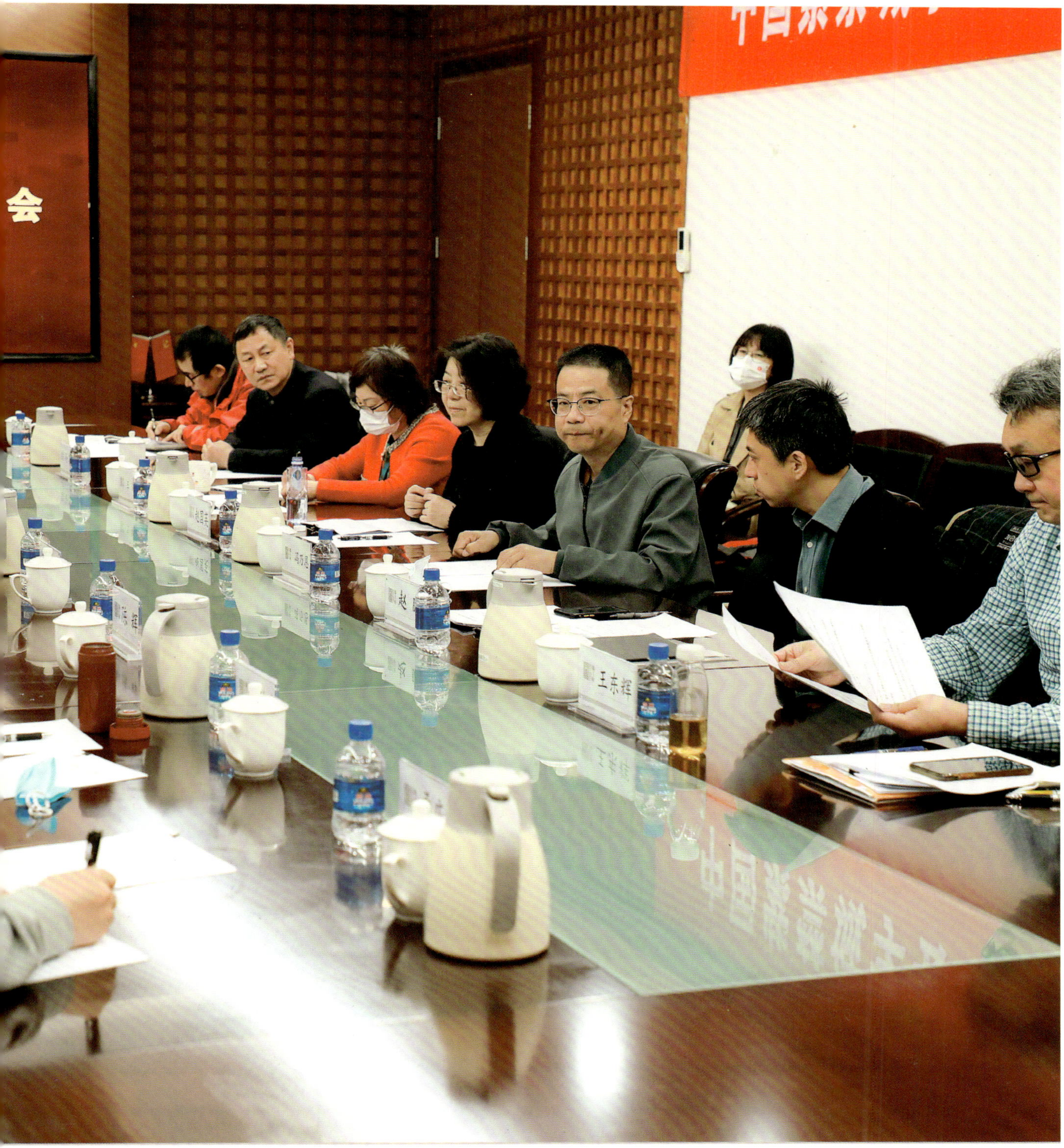

4

1—4　2021年，文化和旅游部恭王府博物馆学术委员会聘任仪式

1

2

3

4

2023年，第一届王府历史文化学术研讨会

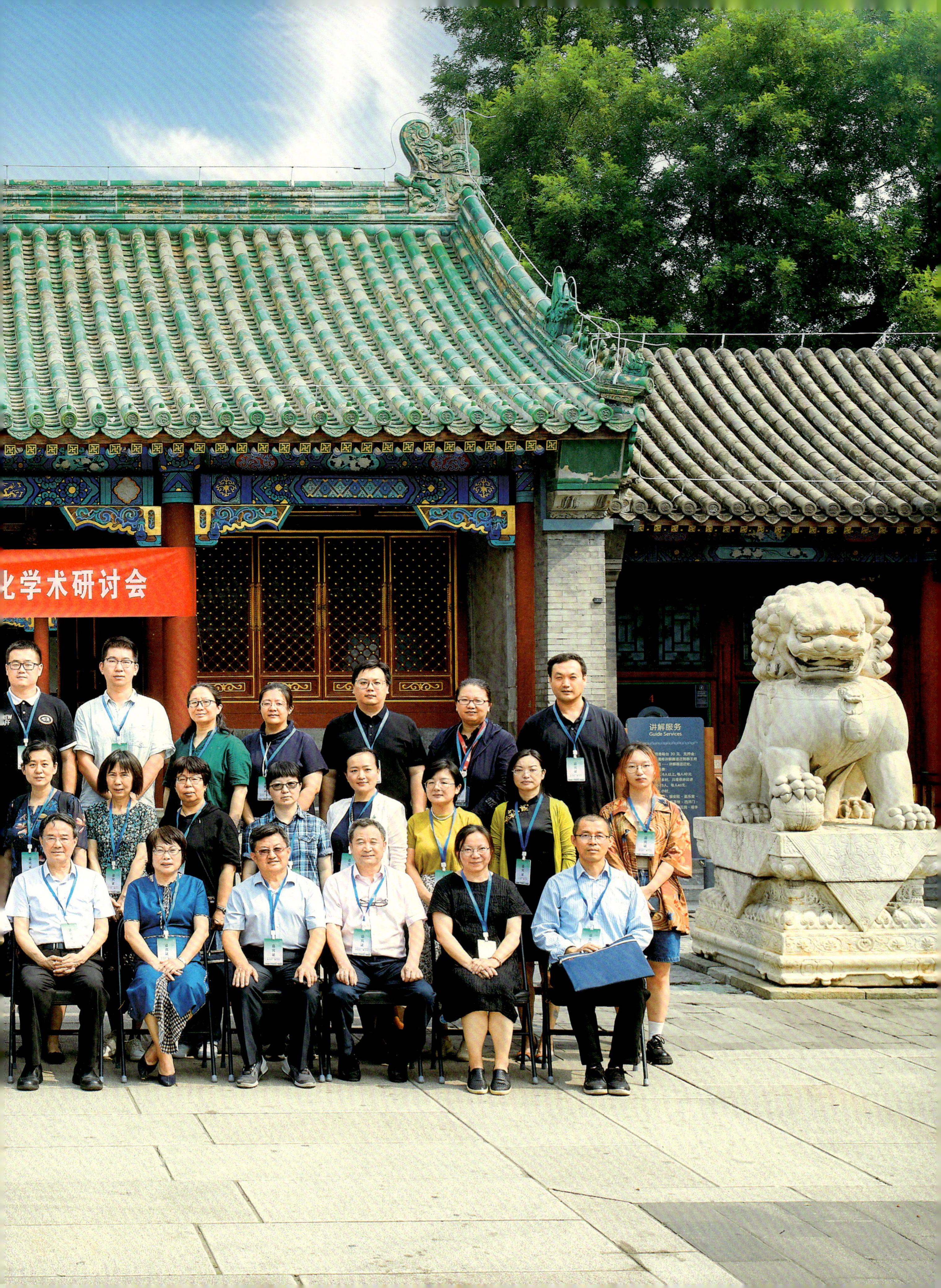
学术研讨会
讲解服务
Guide Services

恭王府博物馆学术出版成果

清代王府及王府文化国际学术研讨会论文集
恭王府管理中心 编
清代王府文化研究文集 第二辑
孙旭光 主编
清代王府文化研究文集 第一辑
孙旭光 主编
恭王府的博物馆之路
与时代同行的恭王府
孙旭光 主编
中国文联出版社
恭王府与溥心畬
孙旭光 著
且喜人间好时节
中華傳統技藝
中華傳統技藝
清恭王府擋檔匯編 1
全國圖書館文獻縮微復制中心
清恭王府擋檔匯編 2
全國圖書館文獻縮微復制中心
清恭王府擋檔匯編 3
全國圖書館文獻縮微復制中心
PRINCE KUNG'S MANSION
恭王府
老照片中的大清王府

1　2005年，著名红学家周汝昌先生做《恭王府与大观园》学术讲座

2　2010年，《清朝皇帝的读书生活与执政能力》，邹爱莲主讲

公众教育·系统专业

教育是博物馆实现"为社会和社会发展服务"的重要途径，恭王府博物馆从大讲堂、大课堂、志愿者服务多方面入手，发挥教育职能。

1

2

大讲堂与大课堂

恭王府博物馆自创建之初即重视通过专业讲座等形式传播弘扬中华优秀传统文化，近年更着力定制系列化、品牌化讲座课程，借助网络预约等方式拓宽受众面，逐渐成为社会公益性文化教育的重要场所。

恭王府与《红楼梦》有着数不尽的渊源，恭王府与当代红学的发展密不可分。2017年，"京华何处大观园——恭王府与《红楼梦》"系列讲座推出，中国艺术研究院研究员、博士生导师、中国红楼梦学会会长张庆善先生以《一篇文章引起"大观园在哪里"的大讨论》拉开了系列讲座序幕。之后，天津外国语学院教授、中国红楼梦学会理事、北京曹雪芹学会副会长郑铁生教授带来《和珅与〈红楼梦〉》，中国红楼梦学会常务理事、天津市红楼梦研究会会长、天津师范大学赵建忠教授以"芳

3　2017年，京华何处大观园——恭王府与《红楼梦》系列讲座之"芳园筑向帝城西：周汝昌与恭王府考"，赵建忠主讲

4　2017年，京华何处大观园——恭王府与《红楼梦》系列讲座之《大观园是理想世界吗》，石中琪主讲

5　2023年，中国古建筑营建与保护专题学术研讨会《营造学社测绘恭王府老图纸的复原及利用》，孔祥星主讲

6　2023年，大匠之手泽　年代之磋磨——中国古建筑营建与保护专题学术研讨会

园筑向帝城西：周汝昌与恭王府考"为题，对周汝昌先生关于《红楼梦》与恭王府之间联系的观点进行了梳理和讲解，后又讲解《大观园创作构思与曹雪芹的价值追求——兼谈〈红楼梦〉研究中的两种典范》。中国艺术研究院副研究员石中琪讲授《大观园是理想世界吗》。2018年，恭王府与中国红楼梦学会再度携手，推出"走近红楼梦中人——恭王府与《红楼梦》"系列讲座，俞晓红、张云、孙伟科、饶道庆、詹丹、

3

4

5

6

段江丽、曹立波、赵建忠等八位当代红学领域有一定影响力的中青年学者，为听众带来八场专题讲座，对《红楼梦》中的贾宝玉、林黛玉、薛宝钗、王熙凤、史湘云、贾母、袭人、香菱人物形象进行解读，吸引众多听众。

1 志愿者八一建军节共建文化进军营活动　　2 志愿者文化讲述进月坛社区

　　围绕品牌文化活动"海棠雅集",2021年,恭王府博物馆举办了"诗可以群""试吟青玉案,莫羡紫罗囊——中华诗教的当代传承""诗词中的格律"等系列诗词讲座,助力中国诗词文化研究传承。

　　为推动"学术恭博"建设,结合我馆业务工作需要,2023年,恭王府博物馆推出"恭博讲堂"。国家清史编纂委员会副主任、《明清论丛》主编、清宫史研究会会长、国务院政府特殊津贴专家朱诚如先生作为首讲嘉宾,作了题为《铸牢中华民族共同体意识——中国大一统历史与清史重大学术问题表述》讲座。随后,故宫博物院研究室编审、《明清论丛》执行主编左远波先生,故宫博物院研究馆员万秀锋先生,分别以《两代潜龙,一朝摄政——醇贤亲王奕譞照片解读》《天子的玩具:故宫博物院藏清代宫廷游戏文物》为题举办了讲座。"恭博讲堂"系列活动为深化王府历史文化研究起到了积极促进作用。

志愿者服务

　　恭王府志愿者队伍成立于2008年8月,至今先后有1000多名志愿者在恭王府景区承担过讲解、咨询答疑、引导服务、文化助残、公益讲座、公益演出等工作,为恭王府的建设发展做出了无私贡献。恭王府志愿者工作站被评选为"首都学雷锋志

3 志愿者讲解　　　　　　　　　4 志愿服务进社区

3

4

愿服务示范站"。经过多年积累，2021年进一步修改完善《恭王府博物馆志愿者服务手册》《恭王府博物馆志愿者章程》《恭王府博物馆志愿者实施细则》等规章制度，调整完善志愿者服务管理体系，实现志愿者队伍专业化、多元化和年轻化。目前恭王府博物馆拥有一支综合素质高、业务能力强、年轻化、多层级志愿者服务队伍。

1—4 2023年，大戏楼举办"恭博讲堂"系列讲座

103

第二章
奋楫笃行 使命担肩

1　海棠诗社叶嘉莹社长　　　　2　"海棠雅集"诗集和文创品

品牌活动·探索实践

海棠雅集

恭王府素以园内西府海棠享誉京城,由此得名"海棠雅集"诗会。"海棠雅集"最早可以追溯到恭亲王奕訢之孙溥儒、溥僡时期,在恭王府作为辅仁大学校址期间,由校长陈垣先生发起的海棠诗社一度巨擘云集,每年海棠花开之时相邀赏花、吟诗、唱和,极尽风雅,蔚为胜景。此后雅集中断,尘封长达数十载。

2010年,著名学者周汝昌先生先后两次致信恭王府,倡议重新设立"海棠诗社"。翌年春,辛卯雅集重启。十余年来,恭王府海棠雅集持续得到党和国家领导人的关心和支持。温家宝同志曾致信海棠诗社叶嘉莹社长并发来诗作,李岚清同志专为活动题写"海棠雅集",马凯同志自第二届雅集活动开始,每届都会发来贺信与贺诗。

1　　　　　　　　　　　　　2

各界诗家学者、广大文人诗友热烈响应,积极参与。从最初的发掘整理到逐步的探索创新,海棠雅集的形式和内涵日益丰富,吟诗唱和、抚琴品茗、奉香莳花、书画笔会,每一场雅集活动都是亮点纷呈,惊喜不断。吟诵的主题由"咏海棠"而"寄乡愁",

进而赞美伟大祖国、歌颂民族复兴，呈现出古典诗词在新时代的发展样貌。"海棠雅集"逐步成为一项在全国范围内具有一定影响力的诗词雅集活动，为弘扬中国传统诗词文化、推动古典诗词的普及和发展做出了贡献。

良辰美景·恭王府非遗演出季

在恭王府博物馆与中国昆剧古琴研究会共同策划下，每年的文化和自然遗产日到来之际，"良辰美景·恭王府非遗演出季"都会如期举行，众多艺术名家在恭王府大戏楼为观众奉上多场昆曲、古琴经典演出。

自 2010 年首届活动至今，在昆曲专场中，曾先后邀请了具有"湘辣"特色的湖南省昆剧团、具有"川味"特色的成都市川剧研究院和重庆市川剧院，以呈现昆曲地域流派多面之姿。代表北方艺术风格的北方昆曲剧院与"南昆"江苏省演艺集团昆剧院、上海昆剧团、浙江京昆艺术中心（昆剧团）、江苏省苏州昆剧院、永嘉昆剧团（永嘉昆剧传习所）、苏州昆剧传习所、昆山当代昆剧院和昆山"小昆班"等团体也交相辉映，逐年登台。著名昆曲表演艺术家侯少奎、蔡正仁等，多位"中国戏曲梅花奖"获得者以及一大批优秀中青年昆曲演员，更是在"良辰美景·恭王府非遗演出季"的舞台上留下了诸多珍贵且精彩的曲目。

古琴专场中，国家级非物质文化遗产项目（古琴艺术）代表性传承人陈长林、吴钊、李祥霆、龚一、姚公白、丁承运、成公亮、余青欣、赵家珍、林晨等，以及著名琴家陈熙珵、李凤云、戴晓莲、曾成伟、巫娜、任静、金蔚、杨春薇、黄梅等，组成了顶尖琴家阵容，联合箫演奏家王建欣、瑟演奏家付丽娜奉上多场音乐经典。尤其在 2013 年、2014 年，成公亮、陈熙珵分别演奏了《忆故人》《春晓吟》《渔樵问答》等曲目，名师云集实属难得。2015 年，"古琴：对话两岸，对话南音"亮相演出季，两个最古老的乐种同台携手，还邀请到了香港著名琴家刘楚华、苏思棣、谢俊仁同台献艺。2019 年，"枯木龙吟·让古琴醒来——名琴专场音乐会"更是将

1—2 锦绣中华——中国非物质文化遗产服饰秀系列活动

中国艺术研究院馆藏唐琴枯木龙吟、宋琴鸣凤、元末明初琴真趣等千年琴音现场重现，让观众聆听传世古琴。

锦绣中华——中国非物质文化遗产服饰秀

为贯彻落实《中国传统工艺振兴计划》通知精神，恭王府博物馆自2016年起，打造展现国家级非物质文化遗产与现代设计相融合的"锦绣中华——中国非物质文化遗产服饰秀"活动，联合服装设计师将传统纺织印染绣技艺全新演绎，现场将服饰T台秀与民俗、戏剧、舞蹈、音乐等多形式结合，呈现非遗在实践中振兴、在生活中弘扬的盛况，体现"见人见物见生活"理念。

1　　2

经过2016年小范围尝试和长时间筹备，2017年6月，"锦绣中华——中国非物质文化遗产服饰秀"系列活动正式与观众见面。系列活动包括：一场与苏州市高新区管委会共同举办的国家级非物质文化遗产苏绣展，三场分别以"苏绣""传统服装服饰""传统纺织印染绣技艺"传承与保护为主题的学术研讨，"水墨姑苏""朝花夕拾""千年之约""京韵雅秀"等六场服饰秀。活动展示苏绣、京绣、粤绣、宋锦、南京云锦木机妆花手工织造技艺、苏州缂丝织造技艺、香云纱染整技艺等多项国家级非遗项目与现代设计的时尚融合，诠释优秀传统文化的创造性转化和创新性发展。

此后，"锦绣中华——中国非物质文化遗产服饰秀"在全国铺开，至今共举办了40多场服饰秀活动，在北京的恭王府和景山公园、雄安、苏州、三亚等多地上演。

春分祈福

恭王府珍藏着"天下第一福"——康熙御笔"福"字碑，古建园林蕴含丰富的福文化元素，是中华福文化的荟萃之地。恭王府春分祈福习俗是我国祈福习俗的集中载体和典型代表。

每年春分节气，恭王府博物馆都会举办"迎春纳福、祈福纳祥"的祈福活动，通过颂福、迎福、祈福、写福、送福、乐福、纳福等方式展示中国传统"福"文化，为国祈福，为民祈福。每年的"春分祈福"都会邀请社区居民、游客观众一起参加，共同见证福文化，祈福纳福。

恭王府春分祈福习俗于2021年列入北京市第五批市级非物质文化遗产代表性项目名录。

文化和旅游部恭王府博物馆
Prince Kung's Palace Museum, Ministry of Culture and Tourism

海棠

恭王府博物馆

主办单位：文化和旅游部恭王府博物馆
时间：2021年4月12日

海棠雅集

雅集

十届海棠雅集

中华诗词学会　南开大学文学院
地点：恭王府博物馆东二区

1—4 历届"海棠雅集"系列活动

110

与时偕行
一苇以杭

111

第二章
奋楫笃行 使命担肩

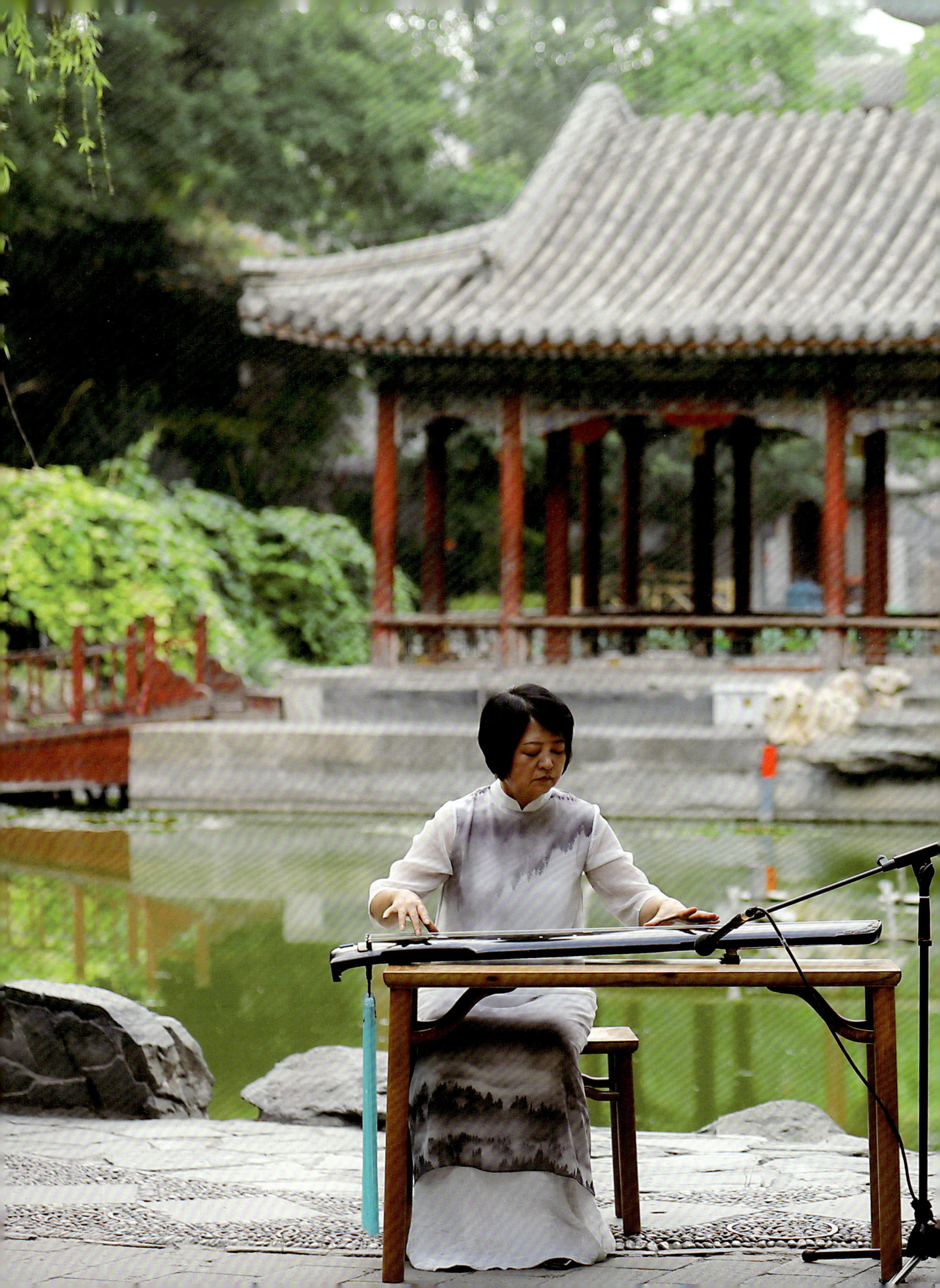

良辰美景

1—4 历届良辰美景·恭王府非遗演出季系列活动

114

与时偕行
一苇以杭

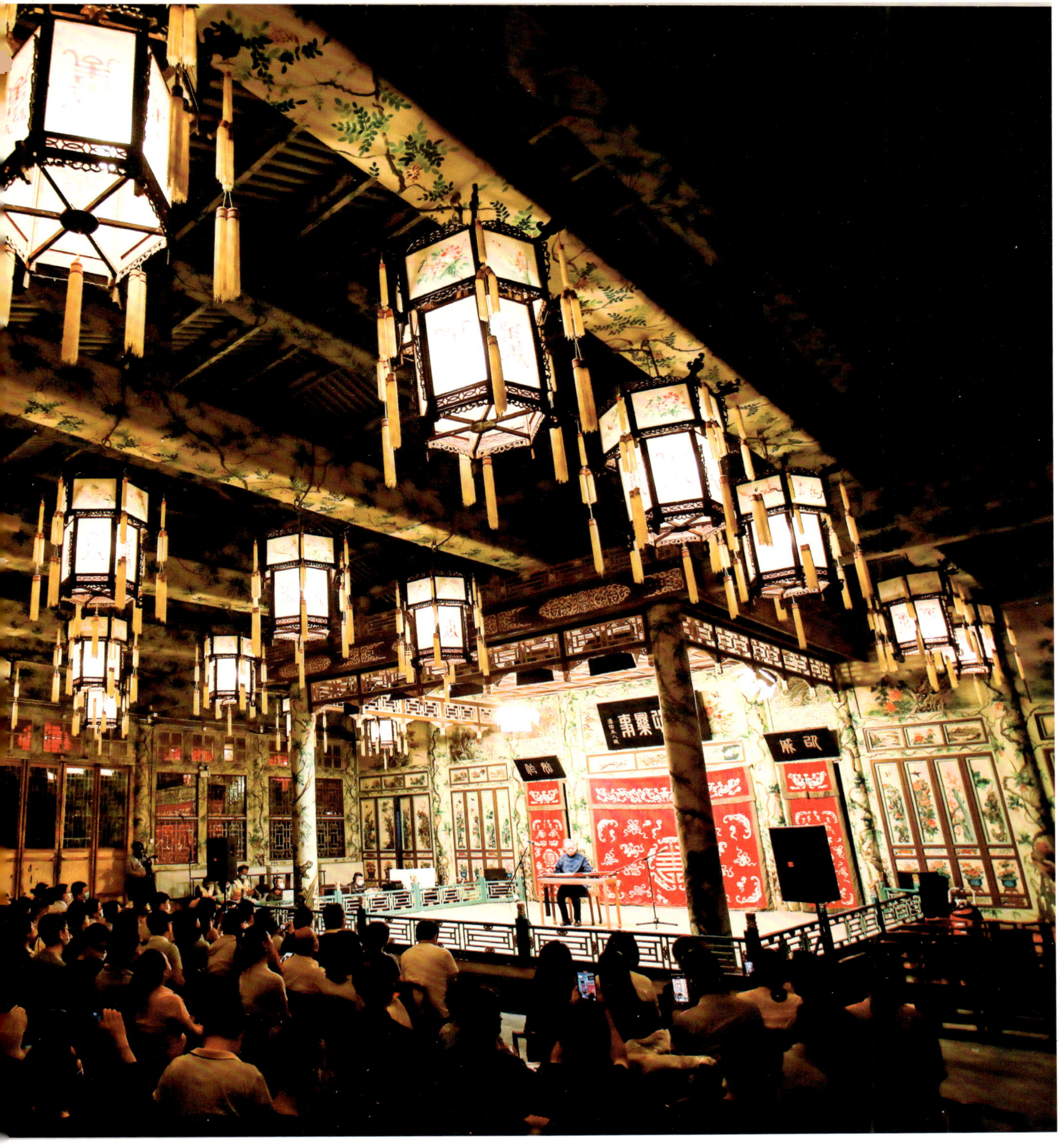

4

1—4　历届良辰美景·恭王府非遗演出季系列活动

116

与时偕行
一苇以杭

第二章
奋楫笃行 使命担肩

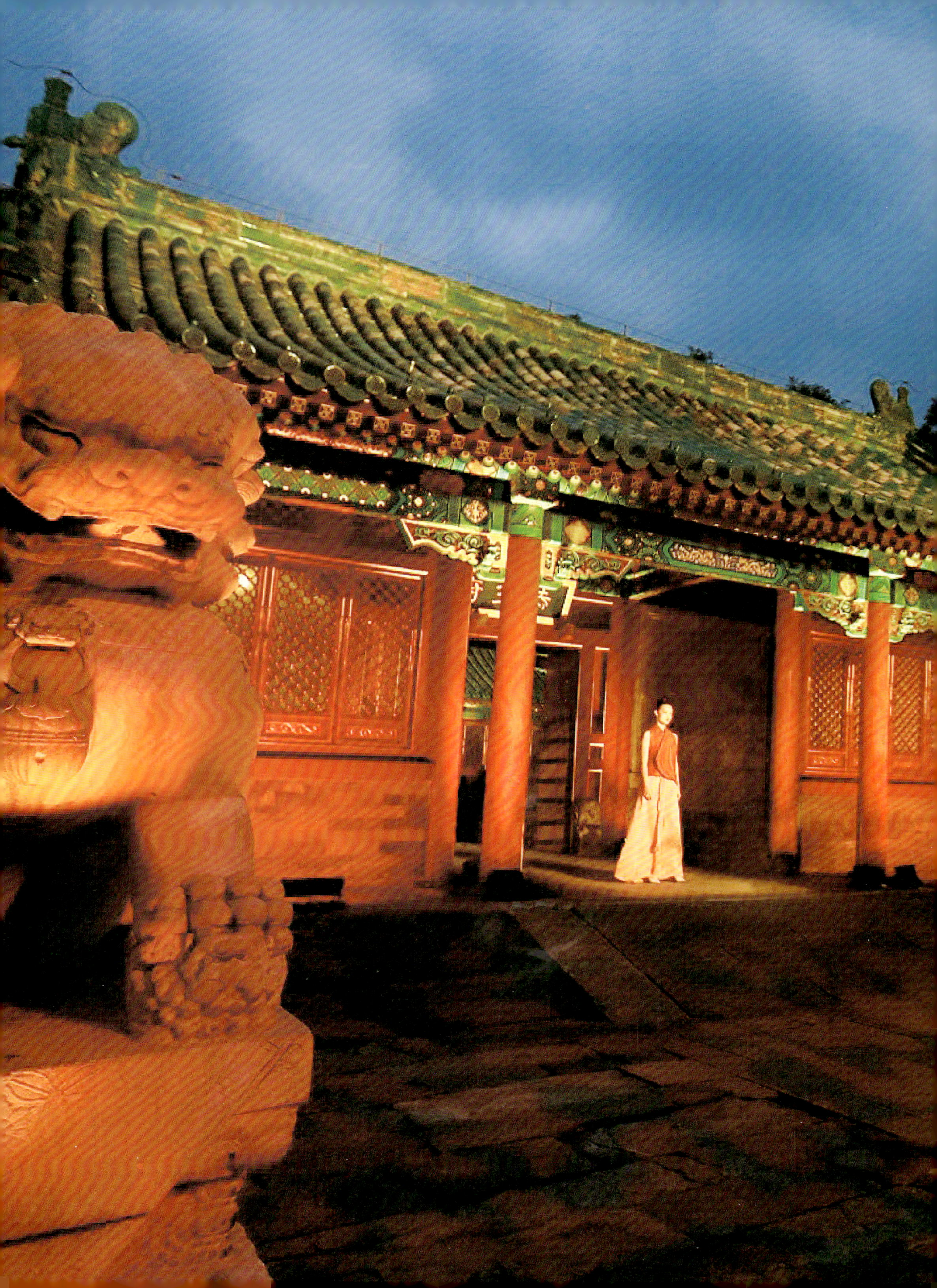

锦绣中华

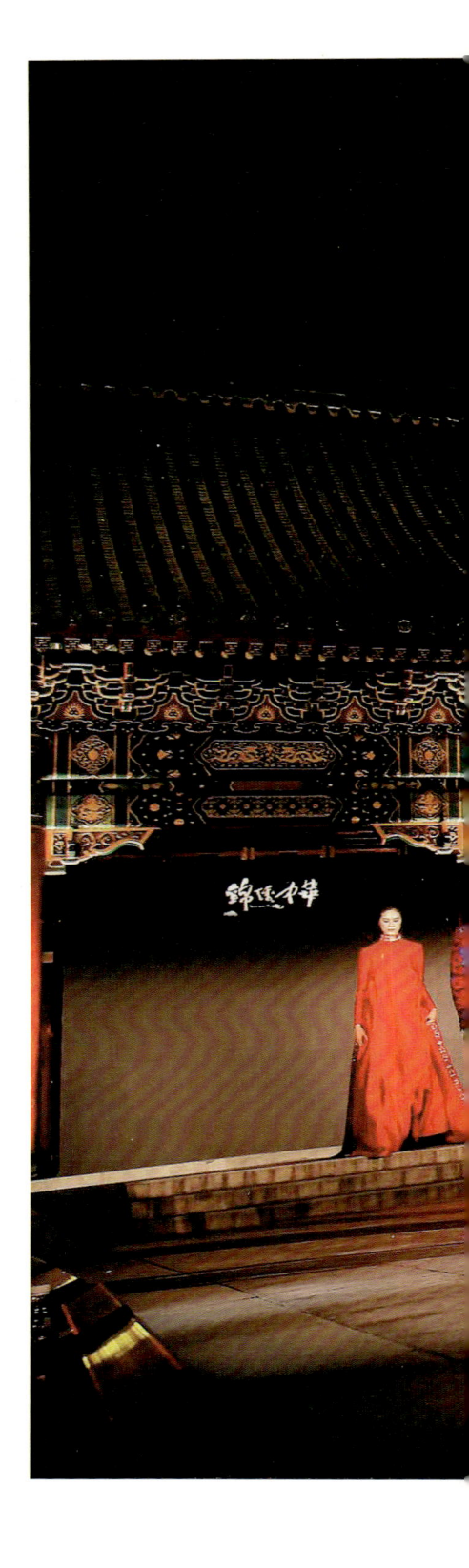

1—4 历届锦绣中华——中国非物质文化遗产服饰秀系列活动

第二章
奋楫笃行 使命担肩

1—4 历届锦绣中华——中国非物质文化遗产服饰秀系列活动

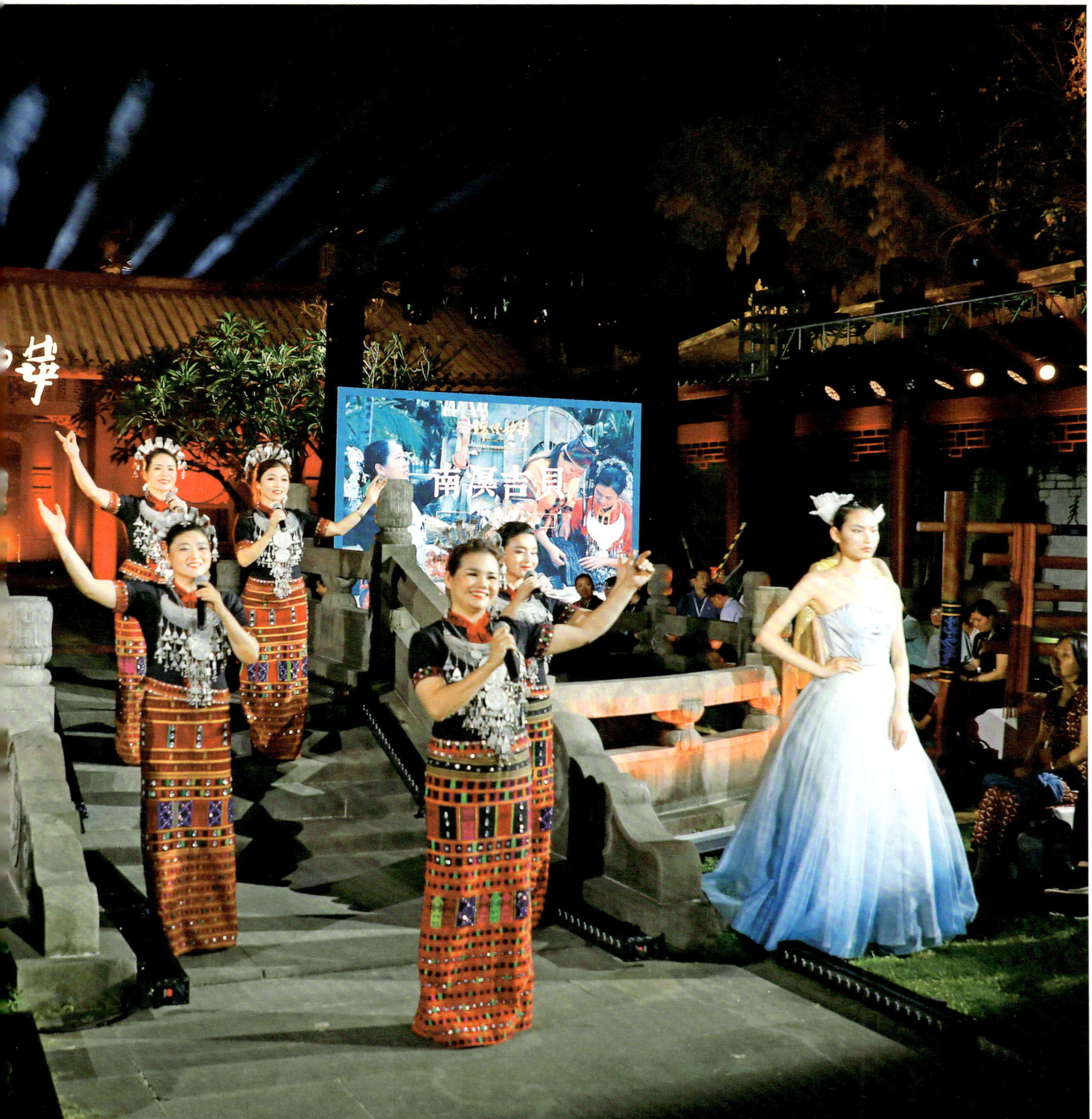

4

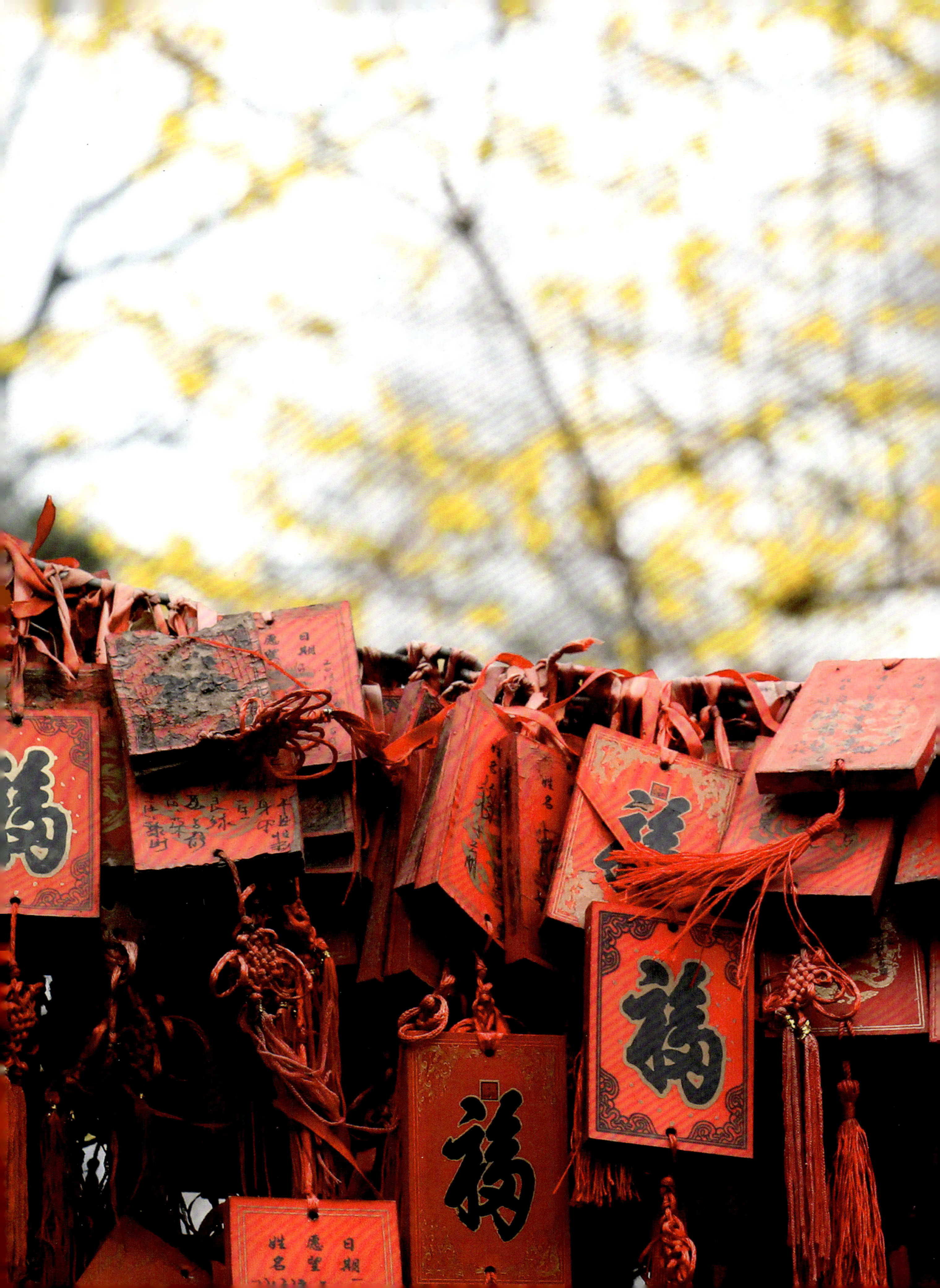
福
福
福
福
日期
愿望
姓名

春分祈福

1—4 恭王府"春分祈福"习俗活动

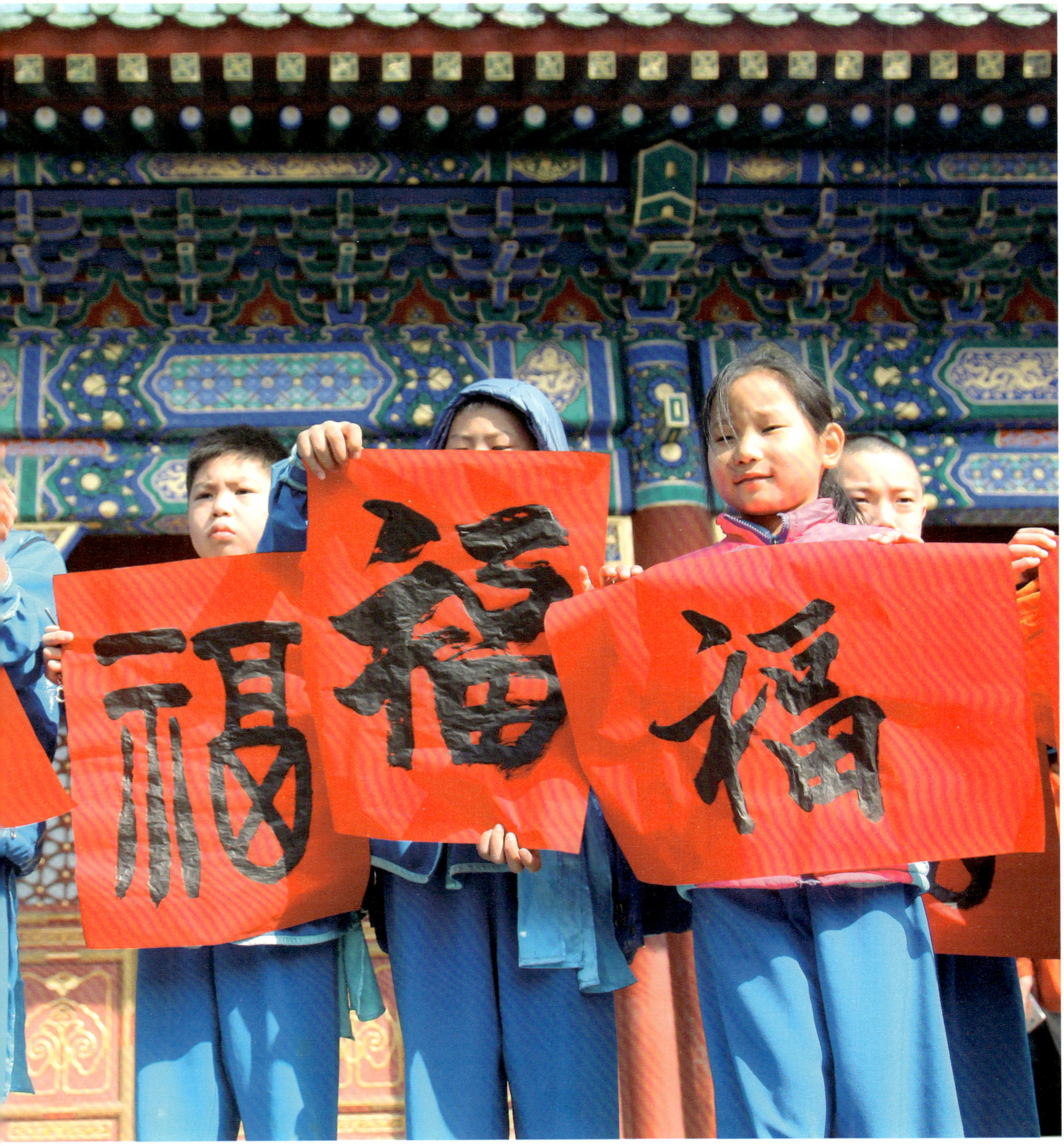

4

3

第三章

千帆竞发 逐潮者先

中国特色社会主义进入新时代，党中央提出坚定文化自信，推动社会主义文化繁荣兴盛，建设社会主义文化强国。文博领域空前活跃，犹如百舸争流，竞相发展。恭博人紧紧追随新时代的潮涌，立足自身特色，加强基础建设，实施创新驱动，拓展受众群体，讲好恭博故事，2017年成功晋升为国家一级博物馆。经过不懈努力，恭王府作为文旅融合的一流社区博物馆的形象深入人心，社会关注度和影响力不断提升，为推动文化事业全面繁荣贡献出应有的力量。

40th

党的十八大以来，在以习近平同志为核心的党中央坚强领导下，我国文物事业取得显著成果，文物保护、管理和利用水平不断提高。习近平总书记强调，加强文物保护利用和文化遗产保护传承，提高文物研究阐释和展示传播水平，让文物真正活起来，成为加强社会主义精神文明建设的深厚滋养，成为扩大中华文化国际影响力的重要名片。

面对"让文物活起来"这一新时代的新课题，恭王府博物馆树立"大安全观"理念，明确工作新目标，指出工作新重点，发挥好展示、教育、研究等传统博物馆功能外，还重点在推动文化和旅游消费、发挥公共文化空间功能优势方面做出新探索，开创博物馆工作新局面。

1—3 2023年，恭王府花园修缮工程

以协调发展理念解决好安全与发展的关系

作为建立在古建遗址上的博物馆，首先要把文物古建筑的安全摆在最重要的位置。按照"保护第一、加强管理、挖掘价值、有效利用、让文物活起来"的新时代文物工作方针，恭王府博物馆以"大安全观"统揽全局，即全力确保古建筑安全、文物藏品安全、观众安全和职工安全，同时健全内部机制保障，以此更好应对风险挑战、促进事业发展。

1

2

3

4 藏品1号库清除甲醛作业　　　5 乐道堂展厅设备测试

文物安全有规划

2021年完成文物库房、临展展厅总体规划，包括东库和藏品库改造，增建文物藏品库房，研究制定后罩楼使用办法和馆藏文物家具存放场地。完成藏品1号库房改造工作及库房内文物移库工作，并分期分批完成藏品预防性保护工作。完成8号文物藏品库改造工程。2022年完成恭王府古建与新建、可移动文物与不可移动文物登记工作，建立全馆古建筑总账，结合藏品管理系统上线，完善藏品信息，制作藏品档案。远期充分利用"智慧＋安全"现代信息技术手段，实现全方位感知文物安全信息。目前完成花园修缮、府邸保养一期设计方案，花园修缮工程已开工并进展顺利，

4　　　　　　　　　　　　　5

府邸保养一期设计方案已获国家文物局批准，2024年3月开工，花园修缮、府邸保养二期设计已按照计划开始实施。

2023年6月，乐道堂展厅改造工程的顺利完成，标志着我馆拥有了第一个配备恒温恒湿展柜系统、现代化照明系统和安防系统的展厅，标志着我馆从此具备了承接国内外珍贵文物展览的硬件条件。不仅如此，乐道堂展厅还最大限度保留了室内原有风貌，并充分考虑了日后使用中对于古建筑本体的保护。这是多数古建筑遗址类博物馆目前尚难实现的。

1 游客安全检查   2 受赠"冬奥遗产"AED设备

藏品管理讲科学

修订《恭王府博物馆藏品征集管理工作规定》《恭王府博物馆藏品管理规定》《恭王府博物馆藏品库房安全管理制度》等，制订《恭王府博物馆藏品电子账管理制度》《恭王府博物馆藏品库房钥匙交接制度》《恭王府博物馆馆藏藏品动态管理制度》等。

归集整理工程资料档案，开展古建网格化管理系统初步学习组建工作。2021年完成馆藏所有藏品的总账、分类账及藏品卡片的建立。2022—2023年完成藏品档案制作，完成藏品管理智能平台搭建和信息录入。分阶段实施馆藏藏品预防性保护工作。

观众安全有保障

为保障观众生命健康安全，营造良好的参观环境，2019年起，先后实施引入北京市急救中心120救护车开放日驻馆、自费购买5台AED自动体外除颤仪安置开放区等举措，为观众安全保驾护航。

2022年7月，在原有购置AED设备的基础上，接受中国红十字会总会捐赠的2台北京冬奥会"冬奥遗产"AED设备；2023年4月联系北京急救中心有关部门，将我馆纳入重点保障单位，将我馆医务室座机电话设置为重点保障电话、为我馆提升急救

1　　　　　　　　　　　　　　2

3 护卫队员消防安全演练　　4 工作人员维持参观秩序

速度开设绿色通道、将我馆的 AED 全部纳入北京市急救地图，做到急救设备资源共享，提高急救效率。

安防消防技防人防多位一体

完成安防消防控制室位置改造，解决配电间、设备机房防火分离，加强办公与开放区域间隔管理，部分裸露传输线路整理入槽并标清线序，改造供配电系统，完成 10kV 外电源工程、配电室工程、低压配电工程主体施工。建立电力监控及电气火灾监控系统，持续推进节能减排，分步骤实现智感智联智防平安恭博安全监管平台和应急综合指挥调度平台建设。

3

4

安防消防技防相结合，结合安防升级项目实施，提升整体安防消防设备防控能力，达到设备运行可靠、人机互动顺畅、监控覆盖比率大幅增加的目标。以工程实施为抓手，提升整体防控水平。健全安全制度，其中消防制度 17 项；景区管理办法制度 10 项。

针对不同群体分层分类，采取调查问卷、专家授课、实操演练等多种方式进行大频率、高饱和度的安全教育培训活动，培育遵规守纪、安全第一、保守秘密、人人都是安全员等安全意识，提升安全能力。

持续加强意识形态工作管理

修订完成《恭王府博物馆意识形态工作责任制实施意见》，持续加强意识形态工作管理。增大意识形态教育力度，强化党员干部政治纪律、政治规矩执行力，加强一线员工品质操守、操作规范等职业道德与能力建设。坚持每月意识形态工作情况汇报，树牢各部门落实意识形态工作责任制意识。对我馆主办的展览、活动、出版物等内容，加强意识形态审核。继续深入学习贯彻意识形态工作相关要求，进一步修订完善馆内相关制度，适时开展意识形态工作责任制教育培训。

档案留存更完备

牢固树立归档意识，规范档案流程，完善档案管理，建构一套科学、统一、整体的档案管理方法和归档制度并全面推行，完成水、电、暖等基础设施档案归档建设，完成馆史、口述史的记录保存。

根据国家和部委机关关于档案管理相关规定，制定我馆档案和档案室管理制度。2022年完成档案系统搭建，并启动我馆历史文书档案的系统整理工作。按档案归档的新要求对1980—2022年历史文书档案进行重新分类、编目、归档，共整理历史文书档案近10万页。完成文书档案的库房改造和搬迁工作。对府邸修缮设计图纸及修

3　2022年，财务工作培训　　　　4　2022年，合同管理工作培训

缮资料进行整理，进行数字化扫描，并按照工程图纸档案规定要求进行重新编目归档。聘请退休职工胡一红指导，按照府邸花园区域进行归类，建筑设计、水暖管线等资料进一步整理完毕。

财务系统更优化

铺设财务专线。开展财务系统、资产管理系统和票务系统的建设工作，于2021年6月完成财务系统的一期建设，在一期的基础上进行财务系统二期的优化和升级，搭建了预算项目编报、绩效管理、薪资管理，并优化OA办公系统与财务系统数据推送与联动部分，不断提高财务报销效率，持续助力数字恭博战略发展。针对经营工作，解决经营管理中信息孤岛的问题，打通数据壁垒，实现信息共享。将多个业务系统和财务系统进行整合，业务数据和财务指标进行联动，增加多组织、多维度的个性化分析报表，以提高财务分析能力。切实做到用数据服务、用数据管理、用数据监督。

3　　　　　　　　　　　　4

合同管理更高效

成立审计法务部门，专门负责合同的审核、管理。阶段开展我馆内部控制的评估工作，对内部控制制度进行阶段梳理。完善我馆内部控制手册，通过完善制度、实施措施和执行程序，加强对馆内经济活动风险的防范和管控。

1　文创展示　　　　　　2　韵花籍福文化珠宝首饰馆

以创新发展理念深入推进文旅融合式发展

作为文化文物单位文化创意产品开发试点单位，首批十个"全国博物馆文化创意示范单位"，多年来，恭王府博物馆一直积极以博物馆藏品资源为核心，提炼和挖掘中国优秀传统文化的精髓和价值，开发与博物馆藏品和展览相配套的文化创意产品，不断拓展和延伸自身的文化传播功能，并尝试通过现代数字科技形式，不断拓展和延伸文化创意传播功能。

优化产品供给

"福"字系列产品是恭王府被市场认可度最高的产品，常年保有较好经济效益。但恭王府并未局限于此，近几年针对观众审美偏好和消费行为变化，提出"精雅生活"文创开发思路，加快产品迭代升级。2020—2023年，推出紫藤系列、五福系列首饰、

1　　　　　　　　　　　　　　　　　2

福枕、紫砂壶、漆画等300余件文创新品；熏风端午礼盒将恭王府后罩楼什锦窗、四季景致及中国传统文化端午习俗相结合，荣获"十三五"全国文化文物单位文化创意产品开发优秀成果奖；推出天下第一福"芙气"礼盒，在春节发售，上线直播

3—4 "福气包"系列文创

3

4

当天产品全部售罄。创立品牌首饰馆"韵花筱福文化珠宝首饰馆",延长观众的停留时间及观众消费链。正式对外运营仅3个月,单月营业额已突破50万元;启动"恭小福·饮"饮品店、"安善堂传统生活美学馆"等重点项目建设,并于2023年下半年正式对外运营;新策划的恭王府服饰品牌于2023年10月在巴黎作为开幕秀品牌亮相中法时装周并推出首批产品。

开发落地可持续

加强与设计机构合作。联合北京国际设计周举办恭王府博物馆文创设计大赛,通过IP设计和品牌定向创作设计双赛道的创新赛制,吸引广大品牌企业、设计机构、设计院校积极参与,将文创产品开发后端的开模、打样、生产、运输、销售、售后等环节与前端设计环节连通,保证优秀设计成果快速落地转化,打通博物馆、设计师和品牌企业之间的合作;与众多头部设计和授权公司合作,主打文物年轻化方向,吸引年轻群体了解和喜爱。

建立"大文创"格局。从开发销售商品拓展到与博物馆业务密切相关的各个方面,积极开展跨界合作。如与腾讯视频合作开发互动短剧《恭王府》,用全新的视角解读

1—2 2023年,"阅见非遗"第一届征文大赛

恭王府的历史和传统建筑、美食、礼仪等文化,同时延展至线下剧本娱乐、沉浸剧场形式,让年轻用户群体在多场景、沉浸式的互动中提高对优秀传统文化的认同感和亲近感;与阅文集团合作开展网络文学领域的优秀传统文化推广计划,通过共建文学创作基地、举办作品研讨会、组织征文大赛、开发文创产品等多种形式及主题的活动,将以非遗为代表的优秀传统文化融入数字文化产业,在跨界融合中实现中华优秀传

1　　　　　　　　　　　　　　2

统文化的"年轻化、数字化、IP化"。联合QQ音乐上线"乐见非遗"音乐创作大赛,促进音乐与非遗的创新结合。

健全经营保护机制

加强规范管理。制订出台《恭王府博物馆馆属企业管理办法(试行)》,进一步规范馆属企业管理行为,理顺博物馆与馆属企业间关系。加强知识产权保护。深入实施知识产权战略,加强知识产权运用和保护,健全创新、创意和设计激励机制。加强商标法、专利法、著作权法、反不正当竞争法等知识产权保护法律法规宣传普及,制定印发《恭王府博物馆知识产权管理规定》《恭王府博物馆文创产品进入与退出管理办法》等相关规定,成立了由博物馆行政人员、业务研究人员和馆属企业

人员组成的"文创授权小组"及"产品初审核小组",对文创产品研发、投产、进入、退出渠道等各关键环节进行监督和审核。对已进入渠道销售的文创产品进行经营情况调研,对市场检验不佳的产品及时下架淘汰,确保馆内在售文创产品的良性循环,从而激发文创产品合作开发企业的积极性。

1—4 "福"字系列文创产品

1

2

3

4

143

第三章
千帆竞发 逐潮者先

1—2　天下第一福"芙气"礼盒

3　文创产品

4　文创产品——端午礼盒

145

第三章
千帆竞发 逐潮者先

韵花籍福文化珠宝首饰馆产品系列

147

第三章
千帆竞发 逐潮者先

恭王府博物馆文创设计大赛作品

148

与时偕行
一笔以杭

149

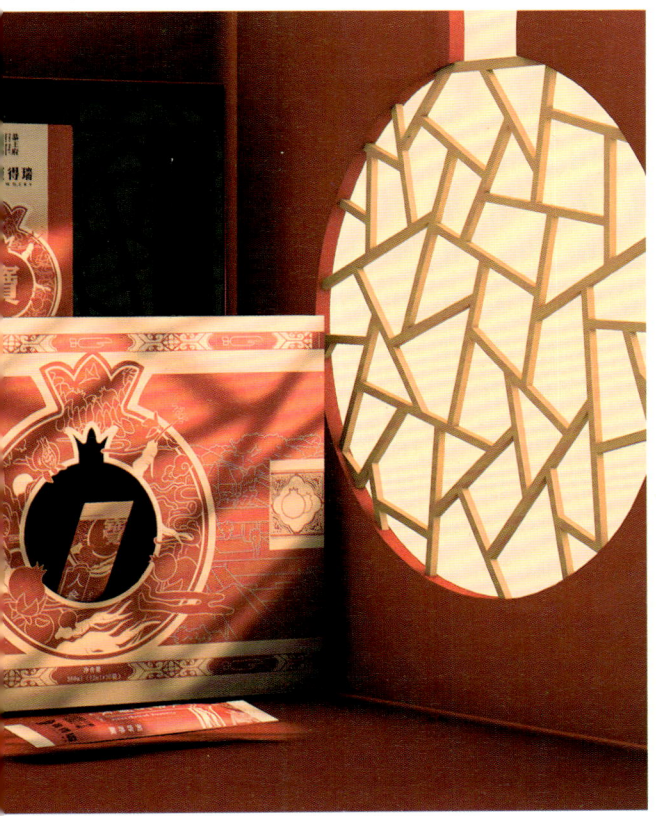

第三章
千帆竞发 逐潮者先

1　2019年，实行全网售票
2　东山隔离护栏
3　为文物石碑加装保护玻璃罩

以绿色发展理念提升景区可持续开放水平

为进一步推动景区建设与发展，恭王府博物馆近年来着力完善景区旅游相关配套设施，以绿色发展理念，提升景区整体可持续开放服务水平。

配套设施提质升级

近年来，恭王府博物馆升级完善导视系统、升级线上线下外语服务设施、全面实行网络售票、改造厕所、景点内增设坡道、加设护栏、为树木加装围挡、为空调加装古色古香保护罩、消防水炮安装保护色；景区环境绿化改造、净化蝠池水质、改造恭王府大门，在安检入口排队通道搭设遮阳伞和防雨棚，在验票安检入口坡道和银安殿青石路面铺设防滑条，保障观众安全。

4 讲解器自助租赁柜

5 绿植养护

6 慰问一线职工

7 设置购票爱心窗口服务

人性化服务温暖人心

自全面实行网上预约购票后，为解决老年群体线上购票难问题，在观众服务中心专门设置购票爱心窗口，为老年人购票提供便利。全面升级智能语音导览服务系统，

4

5

6

7

重新设计讲解器外观，提供绿色成人款和粉色儿童款，增加儿童版语音讲解服务，增加讲解器数量达2000台，语言涵盖汉语、英语、法语、西班牙语、日语等多语种。为减少观众排队等候时间，在博物馆入口二宫门东西两侧增置三台语音讲解器自助租赁柜，升级窗口租赁服务系统，观众自助方式即可完成讲解器租赁。

1 恭王府博物馆英文门户网站　　2 《博物馆之城》录制现场

以开放发展理念拥抱网络化数字化新时代

博物馆已经从藏品数量的竞争中走了出来，"博"字不再用于体现文物数量的多寡，而在于博物馆如何更好地解读自身所承载的文化内涵。

恭王府博物馆积极探索传播路径，依托新媒体实现矩阵传播文化，融洽恭王府与粉丝关系，推动粉丝流量建设，线上线下与恭王府爱好者形成良性互动，增强黏性，扩大规模，加强品牌活动传播效果与规模，与相关机构合作不断加强。

广泛开展媒体合作

重视传统媒体和权威发声，针对特色项目开拓时尚媒体新战场，联合媒体推出优质节目。参与北京卫视《博物馆之城》栏目推出《国宝的院落》专题片。与新京

1

2

报报社签订战略合作协议，与新京报报社、腾讯新闻联合开发制作"京燕送福"H5，入围2023年度中华文物新媒体传播精品推介项目。

3—4 "恭博十二色"之植物系列与福兽系列

数字化传播有新意

官方网站板块升级，增设数字展厅、党建园地、古建单词卡等板块和栏目；门户网站版块升级，2023年12月上线全景恭王府，根据信息变动、服务需求及时调整栏目板块设置、更新内容；更新英文版网站，并上线使用；2021年完成恭小福形象升级，

3

4

2022年与北京国际设计周、洛可可文化合作，全新升级"小福家族"，推出鬼马福字魂恭小福、穿越大女主恭小主、百年王府守门人蝠爷爷、当家萌宠恭大喵四大IP形象，自媒体平台中广泛应用小福家族形象，针对不同人物特色，制作适合各自出现的数字场景，让恭小福、恭小主、恭大喵和蝠爷爷今后作为贯穿我馆自媒体平台的主要人物与受众见面；开发完成四套表情包并上线两套；2023—2025年在自媒体同步更新"王

1—2　恭王府博物馆抖音号界面

府云"系列线上内容：微信公众号以"恭博十二色"为视觉主线，发布手绘长图、插画等创新内容；打造"王府节俗"系列推文；2023年，在抖音短视频平台出品"恭王府抖起来"系列，全网播放量近1800万次；为匹配短视频不同日活用户需求，开通微信视频号、抖音小编号和小红书小编号。门户网站同步更新壁纸月签、讲座视频等

1　　　　　　　　　　　　　　　2

内容；启动建设手机版中文网站和探索开发微信小程序。全面升级后的微信公众号"专业"与"趣味"兼具，关注人数再创新高，截至2023年10月粉丝量突破220万，两篇推文阅读量突破10万；抖音号2022年播放量达2100万次，总点赞量61万次；"恭王府服饰"话题全网播放量近600万；其他自媒体平台关注量逐年递增。

3　恭王府博物馆微信公众号粉丝量增长趋势图　　4—5　全新升级"小福家族"IP形象

3

加强互动　拓展粉丝群体

将潮流年轻人群、古风爱好者作为目标用户，持续拓展爱好者群体，增加黏性，每年举办一次见面会，组织王府"福摄会"，策划公众可参与策划的系列展览，编制并免费发放展览排期宣传册页，举办粉丝专属活动，建立粉丝档案。通过文化类互动剧及互动短视频、王府文学IP创作比赛、邀请粉丝一起拍摄王府四季美景。

4　　5

1—2　2020年，"福粉集结令"见面会
3—4　2023年，走，去恭博——恭王府博物馆创建40周年系列活动媒体见面会

第三章
千帆竞发 逐潮者先

1—4　2019年，汉服社王府文化活动

1

2

3

4

159

第三章
千帆竞发　逐潮者先

1—3 2022年，恭王府博物馆·阅文集团战略合作发布会

4 2023年，"阅见非遗"光影展

161

第三章
千帆竞发 逐潮者先

1 2019年，恭王府"面塑"课程走进北京市青年湖小学

2 2019年，学生参观山西静乐剪纸教育互动巡展

以共享发展理念与社会分享恭博建设成果

资源丰富、特色突出是恭王府博物馆研学的主要特点，通过深入挖掘自身历史、文化、艺术资源，建立独具特色的课程体系、建设研学教育示范基地，走出了标准化、品质化发展道路。目前，恭王府研学已成为恭王府博物馆发展新业态、文旅融合新抓手。

课程体系建设标准化

依托馆内研究成果、出版著作、展览大纲、讲解文案等各类资料成果向公共教育课程教材、读本和科普读物转化，完成博物馆研学规划，编写不同主题教案。依托

1

2

恭王府历史文化，推出王府历史、古建园林、艺术、福文化和非物质文化遗产五个系列公共教育课程，丰富深化品牌公教活动，探索公教与科研内容结合，形成适用于不同年龄段受众课程，如"恭王府建筑的对称美""五色鹦鹉图""厅堂家具"等。开展丰富多样的活动，如举办"文化小大使""博物馆之夏"青少年实践，"缔造未来"成长夏令营等。在重要时令节点举办相关主题活动，恢复传统节日习俗，关注特殊群体。

3 2022年，学员家长为恭王府博物馆教育传播部赠送锦旗

4 2022年，"宫廷金鱼特展——水族造景篇"社教活动

教育示范基地建设有力

以恭王府历史文化和中国传统文化为主体，结合沉浸式文化创意体验，在24号院南院入口处设立阅读空间，并与其他文化机构共建举办小型文化活动。中路院落作为社教课程教室和小型工坊，与相关院校长期合作开办名师工作坊，每年适时举办公共教育、夏令营、冬令营等活动。北院则作为馆内大型研讨会、座谈会、课程

3

4

及活动场地。在硬件设施方面，进行了灯光改善、定制桌椅、购买辅助教学用具以及增加院落使用面积等，规划了授课老师及志愿者工作办公室在内的13间专用教室。

合作交流广泛深入

与包括北京史家小学、北京雷锋小学、北京大学附属小学在内的多家学校、文化机构建立合作关系，采用"请进来走出去"的模式，除了在恭王府开展研学活动，还将恭博课程送进中小学校，融入各学校课后一小时、艺术社团、综合实践课程等。在馆外优秀教师支持和学习交流中，培养社教专员，推动品牌文化活动融入研学教育。基于良好的交流合作，目前已举办两次"童画恭王府——恭王府博物馆青少年美育成果展"，取得广泛社会影响。

1　　2023年，国际博物馆日主题活动

2—3　2023年，金鱼展社教活动

4　　2021年，国际博物馆日主题活动

第三章

千帆竞发 逐潮者先

1　2021年，国际博物馆日主题活动

2　2022年，"博古纹样"社教课程

3　2022年，"五色鹦鹉图"社教课程学生作品展示

4　2023年，教师节主题活动

167

第三章
千帆竞发 逐潮者先

1—2　2019 年，绘生活——当代国际插画艺术展

3—4　2023 年，童画恭王府——恭王府博物馆青少年美育成果展

169

第三章
千帆竞发 逐潮者先

1—4 历届恭王府宫廷金鱼特展

170

与时偕行

一苇以杭

171

第三章
千帆竞发 逐潮者先

4

第四章
长风破浪 追梦远航

党的二十大为推进文化自信自强，铸就社会主义文化新辉煌绘出蓝图。进入新发展阶段，恭博人唯有乘势而上驭风而行，在文化和旅游部党组的坚强领导下，坚持以文塑旅、以旅彰文，推进文化和旅游深度融合发展，以"平安恭博、学术恭博、数字恭博、公众恭博"作为发展建设总体目标，在建设王府历史文化资源特色突出的国家级博物馆和文旅融合典范的航程上不懈追梦，共同努力创造属于我们这个时代的新文化。

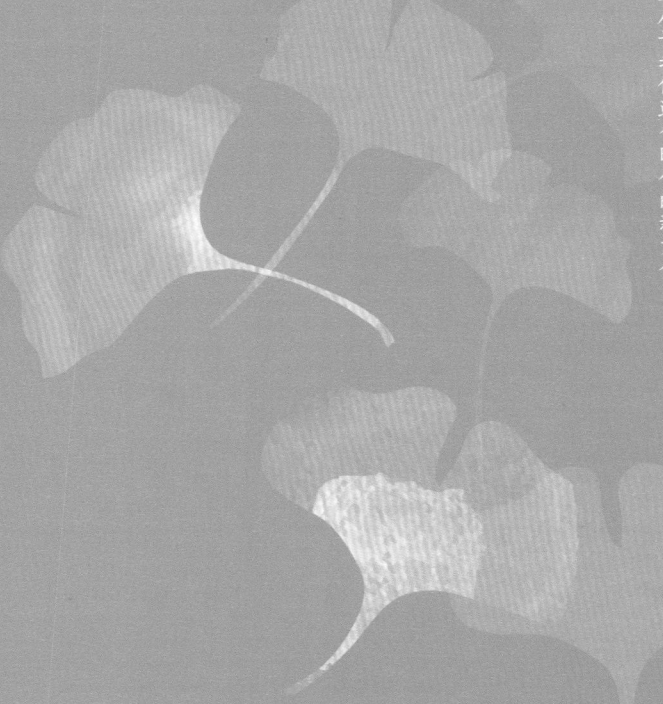

40th

立足新发展阶段，贯彻新发展理念。

值"十四五"重要战略机遇期，恭王府博物馆坚持以习近平新时代中国特色社会主义思想为指导，坚持党建引领，全面贯彻中央精神，深刻领悟"两个确立"决定性意义，增强"四个意识"、坚定"四个自信"，做到"两个维护"，深入落实统筹推进"五位一体"总体布局和协调推进"四个全面"战略布局的总要求，顺应时代和社会发展需要，把握和认识博物馆历史使命，探索博物馆事业发展规律，推进各项工作进入全新发展阶段。

在2019年"不忘初心　牢记使命——开创恭王府博物馆新局面"和2020年"创新效　出实招"年度调研基础上，恭王府博物馆进行全新战略定位，明确是"建立在恭王府遗址基础上，以王府历史文化研究展示传播为核心的社区博物馆"，并确立"平安恭博、学术恭博、数字恭博、公众恭博"四大建设目标。2021年、2022年，先后以"精益化管理年""岗位技能提高年"为抓手，优化资源配置、提升管理水平，加紧步入高质量、跨越式发展新阶段，为实现"十四五"计划和2035年远景目标奠定坚实基础。

1—4 丰富多彩的党建活动

以提升党建工作水平带动各项事业更高质量发展

馆党委坚持围绕中心、服务大局，不断加强党的思想、组织、制度和作风建设，保证党的路线、方针、政策的贯彻执行；坚持从实际出发，改革创新，求真务实，在深入开展学习贯彻习近平新时代中国特色社会主义思想主题教育、"两学一做"学习教育、"不忘初心、牢记使命"主题教育、党史学习教育、规范党支部标准化规范化建设、争创"四强"党支部等活动中，充分发挥党委的政治核心和监督保障作用，全馆各级党组织战斗堡垒作用和党员先锋模范作用普遍增强，营造了风清气正、团结和谐、干事创业的良好氛围，党员干部精神面貌焕然一新。

1

2

3

4

坚持把党的政治建设摆在首位

坚决做到"两个维护",把党中央决策部署和部党组指示要求落到实处,党员领导干部带头遵守执行全面从严治党各项规定,发挥表率示范作用,建立"一把手亲自抓,分管领导负责抓,业务部门具体抓"的党建工作规范,把党的全面领导贯彻到恭王府博物馆事业发展全过程。

深化思想理论武装

充分发挥党委理论学习中心组引领作用和党员领导干部领学促学作用,把习近平新时代中国特色社会主义思想和习近平总书记关于文化和旅游工作的重要论述和指示批示精神,作为党委理论学习中心组、青年理论学习小组和党支部的重要学习内容,深入学习研讨,在学懂弄通做实上下功夫。党委理论学习中心组每年安排不少于6次的学习研讨,青年理论学习小组和党支部积极跟进,制订学习计划,保证学习质量。全体党员充分利用学习强国、支部工作等APP,自觉经常加强学习,不断用科学的理论武装头脑,增长才干。

落实意识形态工作责任制

把意识形态工作纳入党委重要议事日程,坚持社会主义核心价值观引领,加强对馆官网、微博、微信等新媒体及展览展示、研讨会、论坛等意识形态阵地的管理,持续做好舆情监测,做好突发事件、热点敏感问题的舆论引导,做好廉政教育基地建设。

推进党的组织建设

2021年,根据处室党员与工作情况组建党小组。2022年,在党的二十大召开之际,认真学习贯彻党的二十大精神,做好馆党委换届选举工作。工会团委等群众组织作用进一步增强。

建立政治训练体系

深入贯彻习近平新时代中国特色社会主义思想，在思想上、政治上、行动上同以习近平同志为核心的党中央保持高度一致。通过专业学习、调研、党课、研讨、红色实践教育等多种形式，加强全馆干部职工对习近平新时代中国特色社会主义思想、马克思主义哲学、政治经济学、科学社会主义的掌握和理解，加强对党史、新中国史、改革开放史、社会主义发展史和中华优秀传统文化的了解和认同，坚持党建业务相融合，实现党建业务同促进、同提升，将政治训练纳入年度工作安排，有计划、有统筹，通过政治训练体系建设，以评价促提高，以保障促发展，在实践中提升政治能力，在实干中锤炼政治担当，把党的政治主张、政治纲领转化为干部职工的政治自觉。

加强党的支部建设

认真落实党支部工作条例，推进党支部标准化、规范化建设，严格执行"三会一课"制度，规范党支部工作程序，探索党小组工作方法，落实谈心谈话制度，推动党支部工作全面进步。

扎实做好监督工作

严格执行《恭王府博物馆贯彻落实中央八项规定精神细则》，紧盯年节假期等重要节点，加强教育提醒，落实《恭王府博物馆纪委工作规则》，对馆内重大项目、重点工作和选人用人等关键环节实行跟进监督，建立廉政谈话提醒工作机制，提高监督工作程序化、制度化、规范化水平。

党史学习教育、主题教育见行见效

党史学习教育贯穿 2021 年全年，根据《恭王府博物馆开展党史学习教育工作方案》，在全馆干部职工中开展，通过三个阶段有侧重的学习，完成落实五大方面 20

1—2 廉洁文化教育主题展

项重点任务，做到学史明理，学史增信，学史崇德，学史力行，把党史学习与我馆建立政治训练体系结合起来，与"四个恭博"建设结合起来，学党史、悟思想、办实事、开新局，以优异的成绩向建党一百周年献礼。2023年，党委按照文化和旅游部学习贯彻习近平新时代中国特色社会主义思想主题教育的统一部署和工作安排，紧紧围绕"学思想、强党性、重实践、建新功"的总要求和主题教育实施方案，精心安排，强化宣传，坚持学用结合，把学习成果转化为推动高质量发展的实际行动。

发挥廉政教育基地作用

恭王府博物馆作为首批中央和国家机关廉政教育基地，拥有特点鲜明的廉洁文化历史资源。在文化和旅游部的指导和支持下，历经2年筹办的廉洁文化教育主题展于2023年7月开展，此展通过解读真实的历史档案，阐释中华传统廉洁文化精华，省察警惕、以史鉴今，宣传展示新时代党风廉政建设和反腐败斗争成果，通过正面引导

1

2

与反面警示相结合，弘扬社会主义核心价值观，培育廉荣贪耻、清正廉洁的社会风气。同年，展览入选由国家文物局、中央文明办、中央网信办举办的2023年度"弘扬中华优秀传统文化、培育社会主义核心价值观"主题展览重点推介名单。

1—4　廉洁文化教育主题展

1

2

3

4

181

第四章

长风破浪 追梦远航

1—2 2021年，我是宝剑 我是火花——山西忻州红色主题剪纸展（高君宇专题）
3—4 2021年，凝聚·延续——庆祝建党100周年文物古迹保护主题展

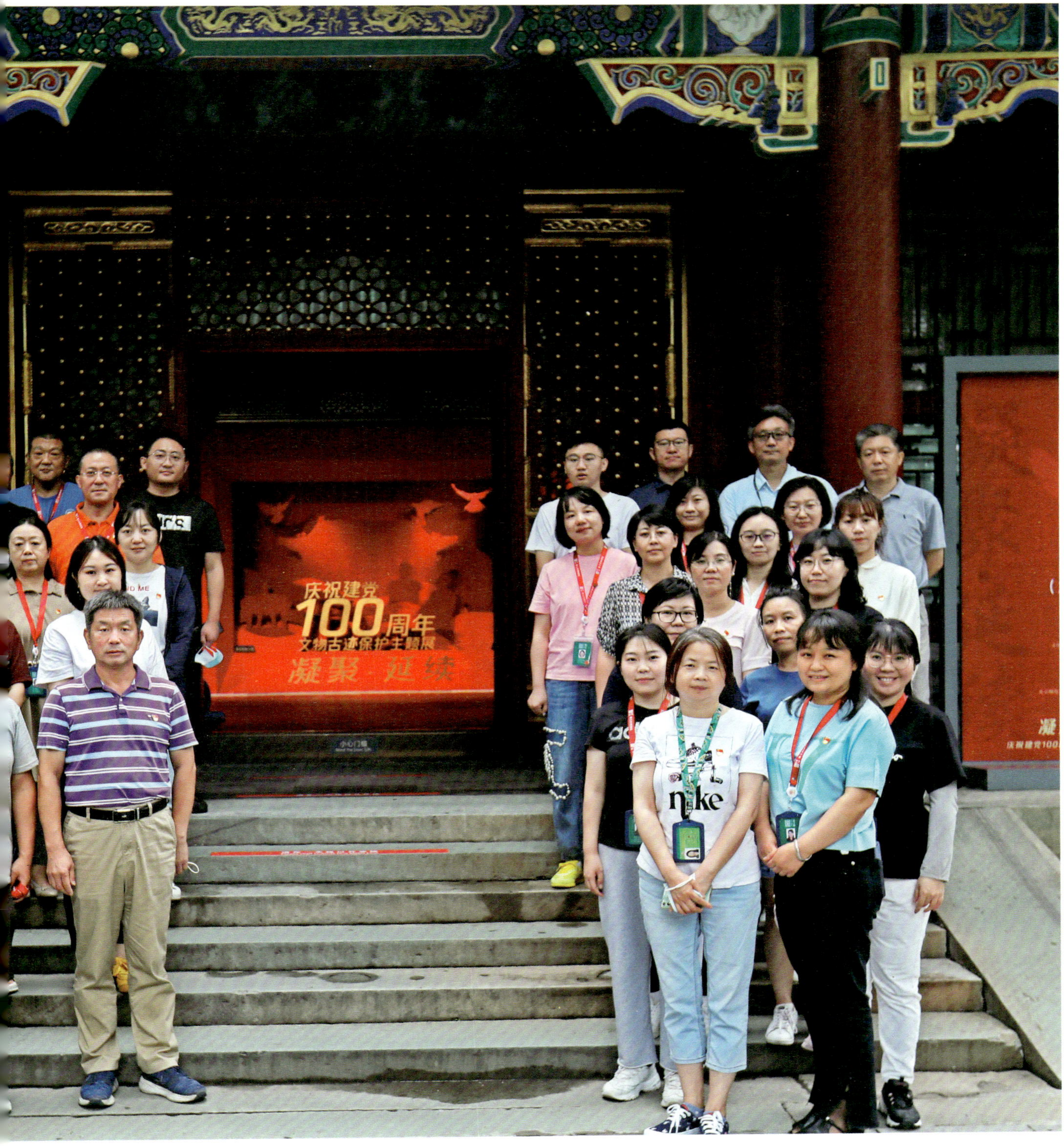

4

1—4 丰富多彩的党建参观活动

184

与时偕行
一笔以杭

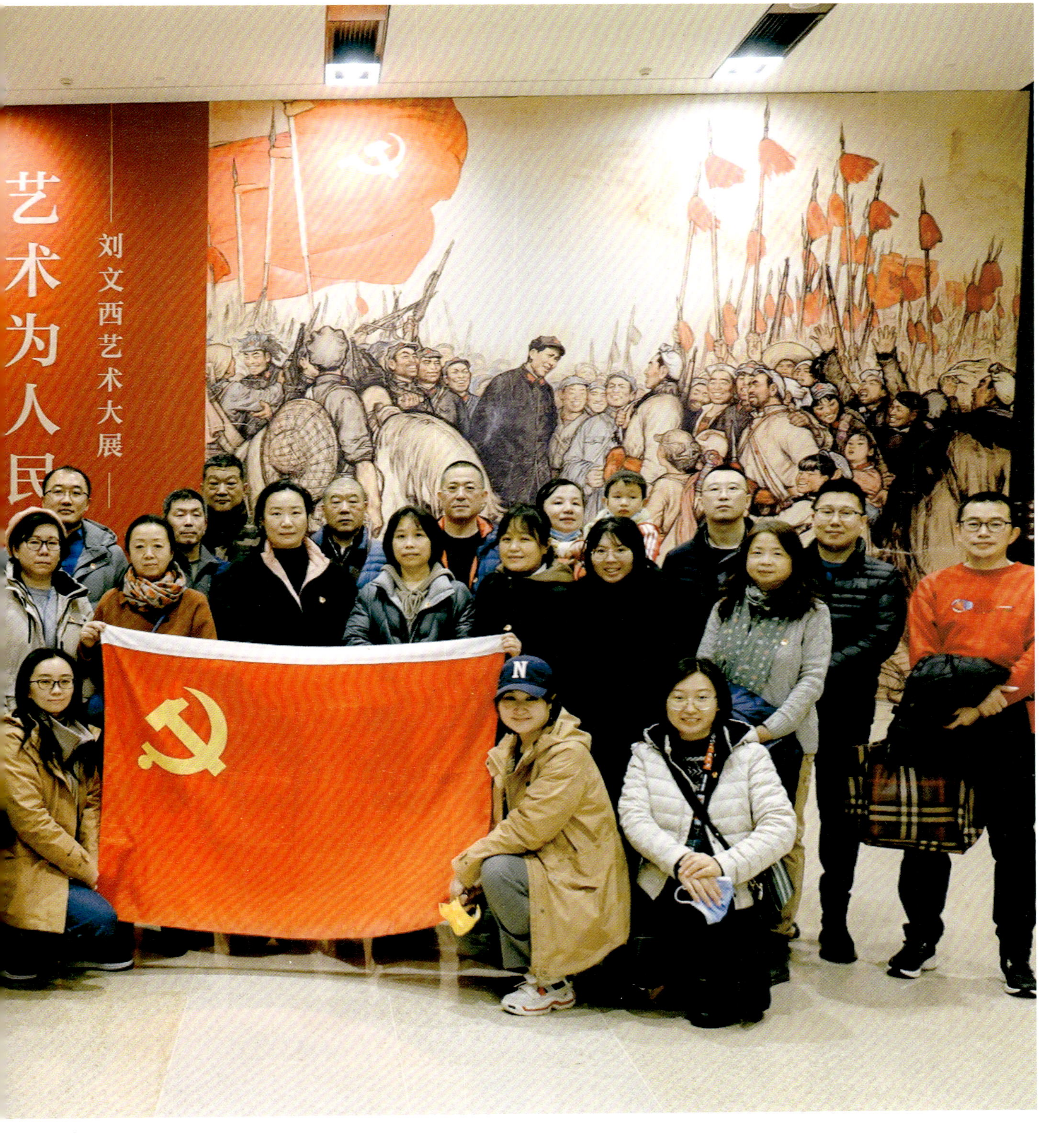

4

1—4 丰富多彩的党建参观活动

187

第四章

长风破浪 追梦远航

以人才战略规划为发展提供智力支撑和队伍保障

"十四五"以来，恭王府博物馆结合人才队伍建设实际，制定印发《恭王府博物馆人才发展战略规划》，对 2022—2030 年的人才培养和队伍建设目标进行明确，创新人才政策，优化人才环境，加大领军人才和急需紧缺人才队伍建设。

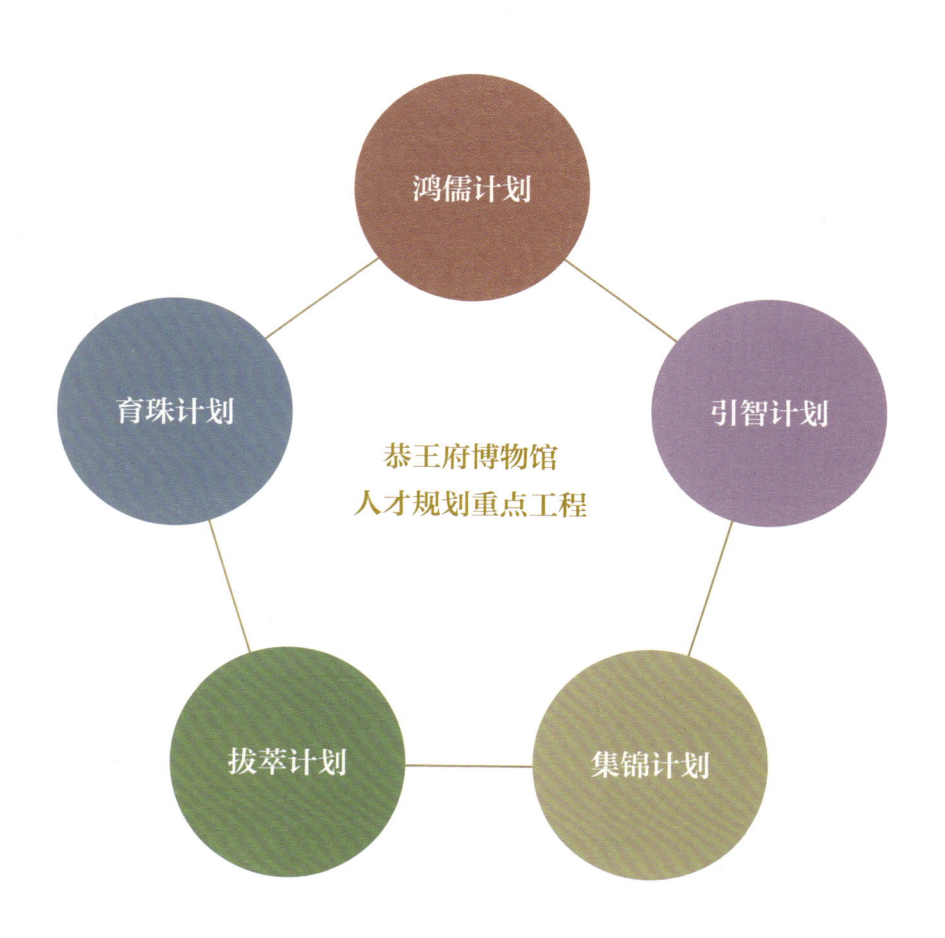

恭王府博物馆人才规划重点工程

- 鸿儒计划
- 引智计划
- 集锦计划
- 拔萃计划
- 育珠计划

实施"鸿儒计划"

加强高层次文物博物人才队伍建设。"十四五"以来,文物博物系列研究馆员和副研究馆员人数增加至 18 人,文博系列副高级及以上专家人数增长率 100%。以王府历史文化、非物质文化遗产展览研究领域的高层次人才为重点,着力培养具有较大影响力的文博展览专家和专业领域学术带头人。

实施"引智计划"

补充急需紧缺人才,提供人才储备。突出抓好青年骨干人才持续性培养,支持青年骨干人才开展专业研究,为青年人才脱颖而出、施展才华搭建平台。近年来,通过社会招聘、校园招聘录入 12 名专业人才,涵盖王府文化研究、研学、古建修缮保护等多个岗位,补充了新鲜血液,壮大了青年骨干人才队伍。利用青年理论学习小组将各部门青年联系起来,促进青年人才的学习交流,激发了青年人才的创新与活力。通过实施中青年人才专项培养项目,每年定期邀请故宫博物院、国家博物馆等单位的相关领域专家来馆学术交流、指导工作、培训业务,其中馆办公室、藏品研究部、古建部通过项目短聘专家的形式,借助故宫的三位高级职称专家的丰厚经验和业务专长,加快了信息化、藏品管理、古建保护等专业人才培养。

实施"集锦计划"

培养文物鉴定、藏品存储、博物馆展陈与设计、古建修缮、文化传播等领域的专业技术人才,进一步加强梯队建设,完善高技能人才培养体系。通过制定并印发"师带徒"人才培养管理办法,3 组师徒签订师带徒培养协议,并按照师带徒培养计划开展工作,由相关部门及专家对培养实施情况进行期满考核验收。

实施"拔萃计划"

以提高管理水平和行政能力为核心，定期实施各部门负责人综合能力培训，通过轮岗锻炼、跨部门交流、脱产培训等多种方式，全面提升管理干部能力素质。健全以工作实绩为核心的管理人员考核、评价、激励机制，到 2026 年，建设一支懂业务、善管理的复合型管理者队伍，培养 10 名左右具备现代管理意识和服务能力、高素质的管理人才。

实施"育珠计划"

明确团队学科定位和业务特长，鼓励人才选择 1～2 个专业方向精耕细作，完善 5～10 年个人职业生涯规划。持续推行"师徒制"，发挥高技能专家在技术革新、技能培训、技艺传承等方面作用。探索实施"首席制"和课题"揭榜挂帅制"，积极推荐馆内人才参与国家社科基金申请、相关领域国家级专业技能骨干评选等活动，不断完善并适时调整基于岗位价值、业务能力、业绩贡献的人才队伍晋升考核机制、绩效评价机制和目标激励制度。

着眼人才队伍综合素质提升

分层分类实施专项能力培训。"十四五"期间，根据中组部调训、部人事司培训计划安排和相关工作要求，上报司局级干部参加中组部调训意向、协调 6 名馆领导参加专题研修培训；全馆在职人员完成 5 期部人事司组织的线上培训；组织 2 名同志参加"部系统文艺业务骨干培训班"线上培训，4 人参加部人事司举办的人事干部培训；多名专业技术人才参加由故宫博物院、美国世界建筑文物保护基金会、清华大学建筑学院、中国紫禁城学会主办的"家具与内檐装修保护培训项目"，探索文物修复、古建修缮等行业领先的技能；业务部门举办了"藏品库房管理与实操要例""北京的建筑""北京的收藏"等多项业务培训，在培训中注重内容创新，注重实际效果和质量，

本科：50%

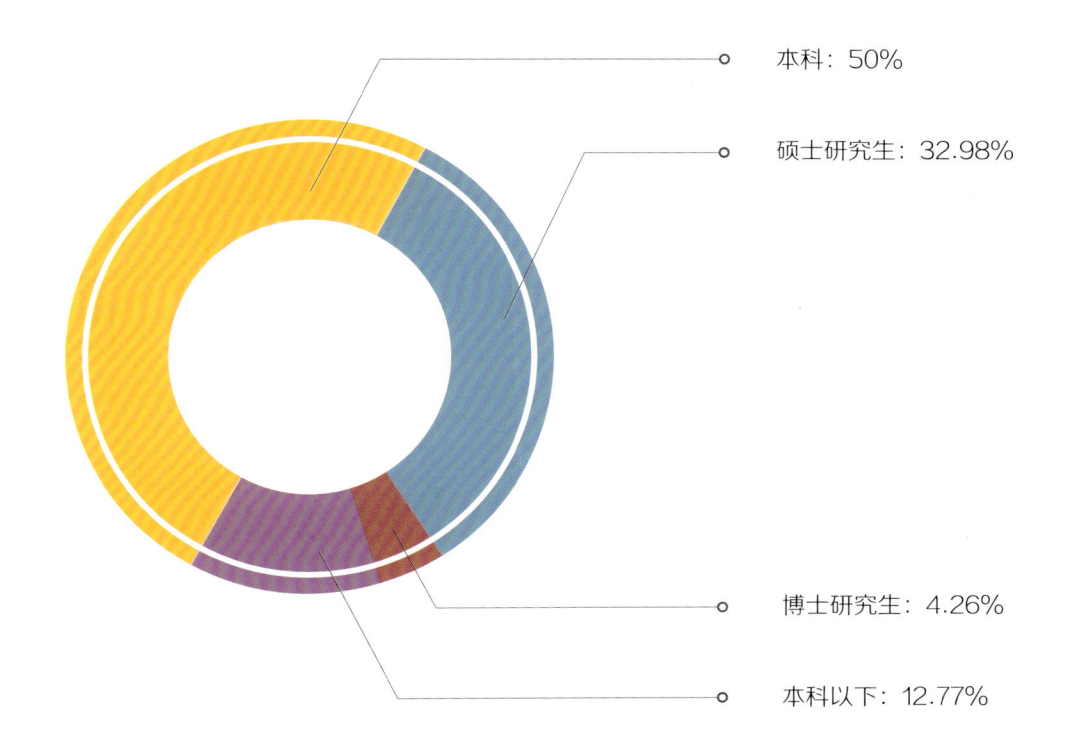

硕士研究生：32.98%

博士研究生：4.26%

本科以下：12.77%

做到学以致用，提高全馆人员的学习能力、实践能力和创新能力。

　　实施以来，馆人才队伍年龄结构日趋年轻，管理层焕发新活力，急需紧缺人才得到有效缓解，专业技术骨干队伍作用日益凸显。今后将进一步落实好《恭王府博物馆人才发展战略规划》，研究建立"正研带团队"等新机制，拓宽人才培养渠道，进一步优化人才结构和布局，促进人才队伍全面发展。

以建设"四个恭博"相互贯通持续完善工作体系

"四个恭博"是恭王府博物馆在多年实践中,围绕中央关于文化遗产保护利用总体部署、立足自身特色优势,逐步明晰的发展目标,是相互贯通、相互支撑的完善工作体系。

平安恭博　学术恭博　数字恭博　公众恭博

"平安恭博"是事业的根本,是指毫不松懈保证恭王府遗址古建、文物藏品、观众及全体干部职工的安全;"学术恭博"是事业的基础,是要推动王府历史文化研究,夯实恭王府博物馆发展根基;"数字恭博"是事业的推动器,是利用现代数字技术全面激发恭王府博物馆活力;"公众恭博"是事业扎根的源泉,抓住恭王府植根于什刹海地区的特点和优势,促进文旅融合,建设一座既服务于公众,又让公众主动参与的互动型博物馆。

平安恭博

在"平安恭博"要求下，恭王府博物馆开展遗址古建养护常态化工作，以研究推动恢复并保持历史风貌，文物藏品妥善保管，建设安防技防消防体系，健全安防制度，营造安全舒适的参观环境，实现遗址古建、文物藏品、观众及干部职工全方位安全。具体如全面展开古建、古树排查，完善古建、园林健康档案，排除安全隐患；对瓦件、彩画脱落，下架油饰斑驳等实施系统的保养维修；新增府邸及花园古建筑防雷设施的检测与维护；建立消防设施档案，完善安防系统管理平台，整治消防隐患废线和控制箱；完成供配电系统改造项目与内外电工程；如期建成首个高标准恒温恒湿文物库房；通过取消现场售票、实名制网络购票、分时段错峰参观、控制观众流量等基本手段，改善参观接待秩序，确保观众安全。建立应急指挥中心和安全应急指挥网络，实现门禁、动态监测、安防集成一体化；馆墙外侧安装移动安全护栏，实现行人、机动车有效分离，保障社会观众的人身安全。

学术恭博

"学术恭博"的目标是建立稳定成建制的学术队伍，探索课题序列化、特色化、日常化，研究方式多样化、开放化，形成"一批成果、两大联盟、三方向并进"的学术态势，持续推进学术品牌建设，扩大影响力，初步确立王府历史文化、非物质文化遗产展览展示研究的领军地位，形成国内领先的研究能力。在总体规划下，恭王府博物馆2020年确立了王府历史文化研究、非物质文化遗产展示与传统技艺研究、文物与博物馆研究三个研究方向。确立了以王府文化展、非遗展、特色艺术展为主的三大展览体系。建立了历史人文、艺术美育、自然科学三个研学课程体系。建立和完善科研工作管理办法，探索与学术型博物馆相适应的科研工作机制，为博物馆事业发展提供理论和制度支撑。积极发挥恭王府在行业内的重要作用，联合全国王府遗址单位打造王府联盟，成立中国紫禁城学会王府历史文化研究委员会和恭王府博物馆学术委员会，举办文博学术期刊发展恭王府论坛，开放科研课题招标，面向社会开放科研课题招标，2021年、2022两年共立项19项课题。充分发挥专家学者在王府历史文化研究、非物质文化遗产展示与传统技艺研究、文物与博物馆研究工作中的引领作用，全面提升博物馆软实力，大力推动以王府历史文化为核心的学术研究。"恭王府春分祈福习俗"和"官式建筑营造技艺（恭王府）"已入选北京市第五批市级非物质文化遗产代表性项目名录。

数字恭博

"数字恭博"是要以数字化方式保存、保护、研究、管理、传播恭王府及恭王府遗址之上的涵盖建筑、藏品、历史、人物等方面的王府历史文化，完成恭王府数据库主体建设，普及数字管理，实现数字展示立体化、品牌化、特色化。目前已在博物馆内部业务建设和对外展示两大领域引进数字技术，启动数字王府建设项目。2021年OA系统正式上线，目前馆内主要公文流转均已线上办理。2022—2023年稳步推进二期建设，馆内各信息系统可基本实现统一标准、统一交换、统一管理、统一认证、互联互通和资源共享，稳步推进历年档案电子化；在全景恭王府项目基础上逐步实现展览全景数字化，2023年正式启动复原陈列展览和临时展览室内外空间的"全景"采集工作，目前分别完成3项、6项采集。2020—2023年完成彩画数字化采集8处，采集高清图片39574张，采集彩画正射侧射影像550幅，制作彩画模型150个，采集彩画科技保护样本311个。彩画数字化管理系统也已经同步搭建完成，并实现全部采集内容的数据化迁移和本地服务器布设，已进入试运行阶段。数字化采集成果目前已经广泛应用于藏品研究、文创开发、数字传播等多个领域。2023年年底策划推出"恭王府博物馆旧藏文物数字展"，利用全新数字技术、展陈手段与展现方式让恭王府旧藏"回家"，与馆藏重器"云端团聚"。利用物联网技术建立电气监测系统，用科技手段提高博物馆安全防护能。建立和完善电子票务系统，提升博物馆管理服务；通过网站、微信、微博、APP产品等多种数字技术手段挖掘王府历史文化内涵，打造"互联网+恭王府"，数字化传播文化。

公众恭博

"公众恭博"依托什刹海社区融洽恭王府与社区关系，推动社区博物馆建设，线上线下与恭王府爱好者形成良性互动，增强黏性，扩大规模，加强品牌活动传播效果与规模，研学课程体系日益完备，与相关机构合作不断加强深度、扩大广度，对外文化交流打开新格局，逐步增强国际影响力。近五年来着力增强馆内外环境治理水平和效果，与什刹海属地相关部门联动，积极推动周边环境整治。馆内服务方面，从细节入手，拆除古建区域临建、统一优化导览标识、优化扫码检票流程、设置无接触式测温设备和老年购票爱心窗口、搭建遮阳防雨设施、增设观众休息座椅、增加自助讲解设备和少儿自助讲解服务、手机导览等。未来，将本着以人为本原则，以观众体验为核心，更多更好地提供精准服务，为观众营造美好文化空间和参观体验。2021年起，恭王府博物馆着力打造特色研学教育课程品牌，研发了"艺术美育类"课程54门、"历史人文类"课程40门、"自然科学类"课程38门，特色化课程体系框架初步建立。未来，将继续提升教育质量、提升硬件设施、拓展合作渠道、举办丰富活动。在志愿服务体系方面，恭王府博物馆也将进一步提高志愿者招募标准和质量，提升志愿者历史文化素养和专业服务能力，探索和创新服务模式。在对外文化交流方面，目前正在推进国际遗址类博物馆合作，下一步将继续推进王府遗址保护联盟筹建工作，开展遗址调研。

以创新理念构建发展格局推进文化和旅游深度融合

党的二十大作出"坚持以文塑旅、以旅彰文,推进文化和旅游深度融合发展"的重要部署,为工作指明了方向。肩负国家一级博物馆和国家 5A 级旅游景区双重身份和责任,恭王府博物馆把握文化赋予经济发展的充沛动能,充分挖掘并彰显恭王府文化内涵,活化文化空间,探索特色旅游,创新经营模式,全方位建设品牌 IP 体系,以创新发展深入推进文旅融合,努力构建具有恭博特色的发展格局。

善用知识产权

制订知识产权市场调研工作计划,完善商标注册、监测管理制度,建立备案商标数据库,对知识产权进行挖掘、提炼、整合,提高资源的转化率,构建知识产权保护与利用体系。

优化企业管理

探索建立企业董事会制度。制定《恭王府博物馆馆属企业管理办法》《馆属企业"三重一大"管理规定》《无形资产管理办法》和《对外投资管理办法》,探索馆所属企业有效监管方式。

培育文创亮点

不断提炼恭王府文化资源,联动研究、展览、社教活动开发一批适合不同年龄的文创产品,依托王府影像开发台历、明信片等文创周边,持续开发恭小福数字产品及生活化用品,建立设计师队伍,定期举办社会参与的商品设计大赛,实现文创产品生活化、品质化、内涵化的提升,开拓酒店、商场领域的商务合作,建立电商平台,挖掘经济增长新渠道。

1—4 恭王府博物馆文创设计大赛作品

1

2

3

4

注重文化体验

提升自助销售服务环境，改造休闲服务区。2023年年底完成安善堂传统生活美学馆改造，用场景化实现福文化展览与文创展示相融合的新型业态。

1—4 营造多种形式的文化体验

1

2

3

4

探索定制旅游

逐步扩大对普通散客组团讲解服务形式，探索定制游参观线路，提供普通讲解、多语种讲解、专家讲解、互动探究式讲解等定制化讲解服务，更新廉政讲解词，提升讲解服务设备。

营造文化享受

完成恭王府历史匾额、锡晋斋等重点院落、室内历史场景复原陈设，结合府邸各处建筑的历史背景和工艺特色统筹规划展览主题，以历史建筑环境为背景，从内容策划、布陈方式、活动设计等方面营造王府风貌，体现王府风韵，解读精致文化，以"府邸为展览展示区，花园为游览体验区"总体空间布局，为观众营造内涵丰富的多层次文化享受。

传承精雅生活

坚持文化引领、创新赋能，推动文化产业转型升级，推进文旅深入融合发展。把王府历史文化中对精雅生活追求的一面，通过传承转化，用来满足当今时代人民对美好生活的需要。

2023年9月，"恭王府服饰秀·巴黎首秀"在法国巴黎中国文化中心作为2023中法时装周开幕大秀与观众见面，展出具有恭王府传统文化元素的35套高定服装，引发广泛关注。下一步，将加速推进"恭王府服饰馆"在馆内落地。

接下来，恭王府博物馆将继续提高资源转化率，持续构建知识产权保护与利用体系，加速开发"恭小福"数字产品及生活化用品，着力推动商品设计大赛成果转化。以安善堂传统生活美学馆为带动，建立展览展陈和线下体验线上销售体系，多角度彰显恭博精雅生活内涵，促进文旅繁荣发展。

第 16 届中国国际品牌授权展览会以安喜堂传统生活美学馆四季万福厅为原型的现场盆景

安善堂
恭王府博物馆

安善堂
恭王府博物馆

1　2019年，疾风知劲草　时代颂忠良——杨家将专题非物质文化遗产精品展展演活动

2　2021年，福安坦洋工夫茶制作技艺精品展展演活动

3　2021年，我是宝剑　我是火花——山西忻州红色主题剪纸展（高君宇专题）展演活动

4　2020年，三山湟水间　花儿与少年——青海西宁非物质文化遗产精品展展演活动

第四章
长风破浪 追梦远航

1—4 2023年，茶和天下·雅集启动仪式

205

第四章
长风破浪 追梦远航

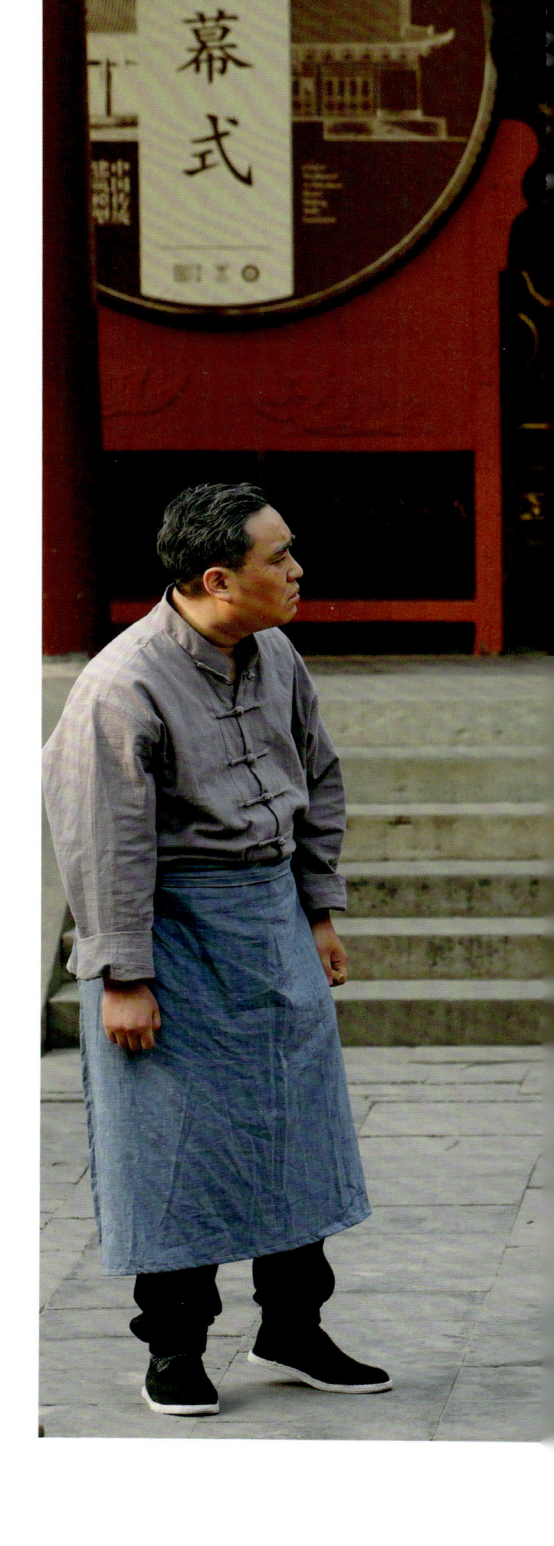

1—4 2023年，大匠之手泽 年代之磋磨——中国传统建筑模型制作技艺展，用新排昆剧和情景话剧呈现建筑大师梁思成林徽因夫妇1937年踏勘恭王府的故事

第四章
长风破浪 追梦远航

1—8　2023年，恭王府服饰秀·巴黎首秀（法国巴黎中国文化中心）

209

第四章
长风破浪 追梦远航

1—4 安善堂传统生活美学馆效果图

3

4

211

第四章
长风破浪 追梦远航

40th

恭王府博物馆
创建40周年
1983-2023

立足"十四五"重大发展战略机遇期,展望2035年,我国将建成社会主义文化强国,国家文化软实力显著增强,文化产业整体实力和竞争力将大幅跃升,文化产业发展质量效益、城乡居民文化消费水平将迈上新的台阶,文化产业对国民经济发展的支撑和带动作用将达到新的高度。恭博人定将以习近平新时代中国特色社会主义思想为指导,在文化和旅游部党组坚强领导下,锐意进取、不懈奋斗,为继续推动文化繁荣、建设文化强国、建设中华民族现代文明,更好担负起新时代新的文化使命。

荣誉证书

恭王府
荣获第十三届"首都旅游紫禁杯"最佳集体奖。

北京市旅游局　北京市人力资源和社会保障局
二〇一〇年元月

荣誉证书

恭王府花园：
第五届北京公园节
优秀组织奖

2010年10月

2011年度中国民族建筑传承奖

授予：文化部恭王府管理中心
恭王府府邸文物保护修缮工程

中国民族建筑研究会
二〇一一年十一月

第十五届亚洲（博鳌）旅游金旅奖颁奖盛典
15th Asia Travel Gold Awards　ATGA

文化部恭王府管理中心
恭王府

亚洲·大中华区最负盛名旅游景区

中国·博鳌　2010年·元月

2014年度文化部政府网站群绩效评估

特色创新奖

获奖单位：文化部恭王府管理中心

文化部办公厅
二〇一四年十一月

首都文明风景旅游区

首都精神文明建设委员会
二〇一五年三月

荣誉证书

文化部恭王府管理中心：
恭王府非遗展演季获得第三届服务民生创新管理品牌奖。
特发此证

北京市公园绿地协会
二〇一五年八月

国家一级博物馆证书

文化部恭王府博物馆在全国博物馆定级评估中被评为国家一级博物馆。特颁此证。

中国博物馆协会
二〇一七年一月

AAAAA
国家级旅游景区
NATIONAL TOURIST ATTRACTION

全国旅游景区质量等级评定委员会
CHINA NATIONAL TOURIST ATTRACTIONS QUALITY EVALUATION COMMITTEE

中央国家机关廉政教育基地

中共中央国家机关工作委员会

全国重点文物保护单位
恭王府及花园

中华人民共和国国务院
一九八二年二月二十三日公布
北京市文物事业管理局一九八二年七月立

荣誉证书

恭王府：

在"第十五届亚洲(博鳌)旅游金旅奖颁奖盛典"中，经大众投票及评委会最终评审，荣获"亚洲·大中华区 最负盛名旅游景区"荣誉称号！

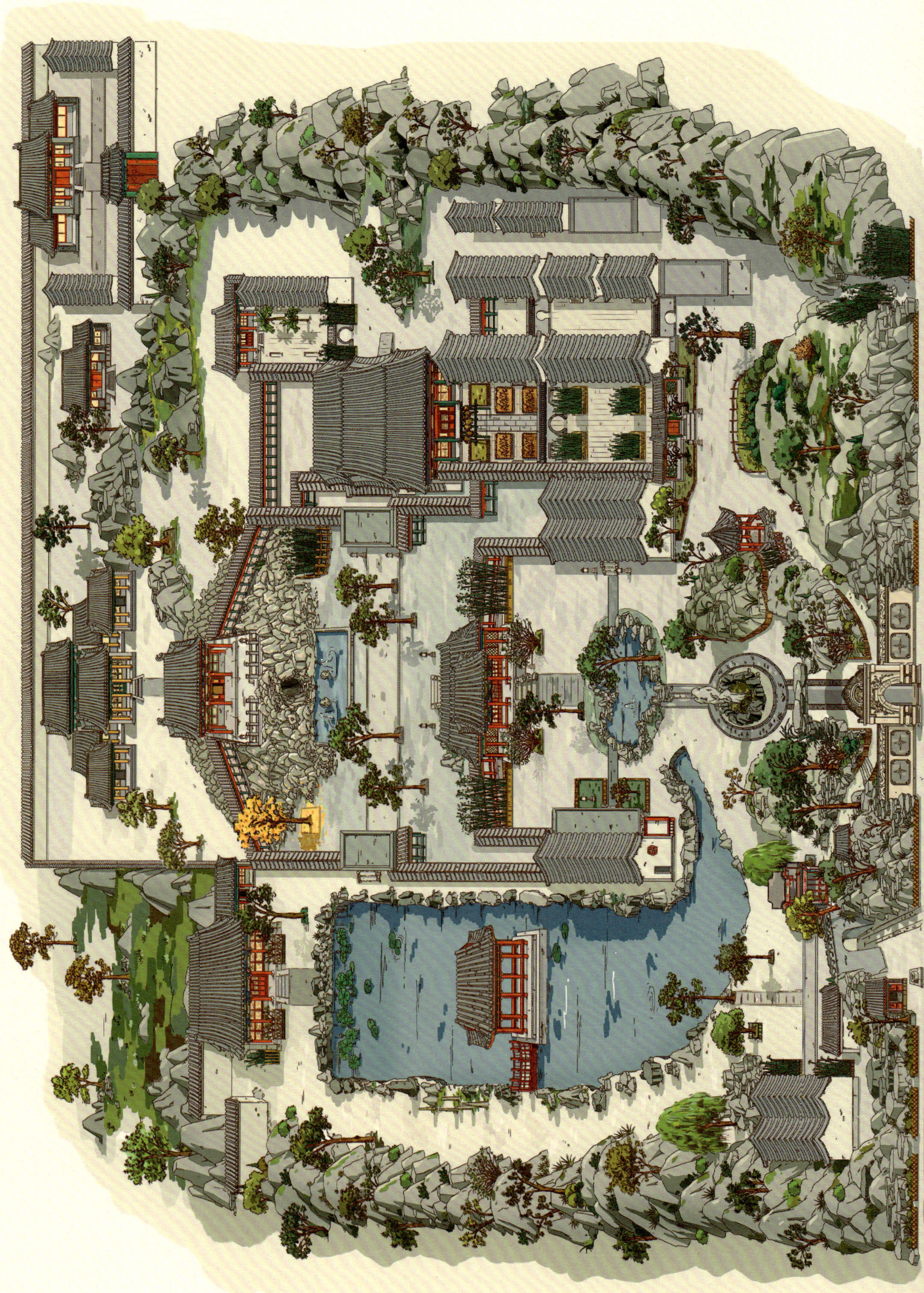

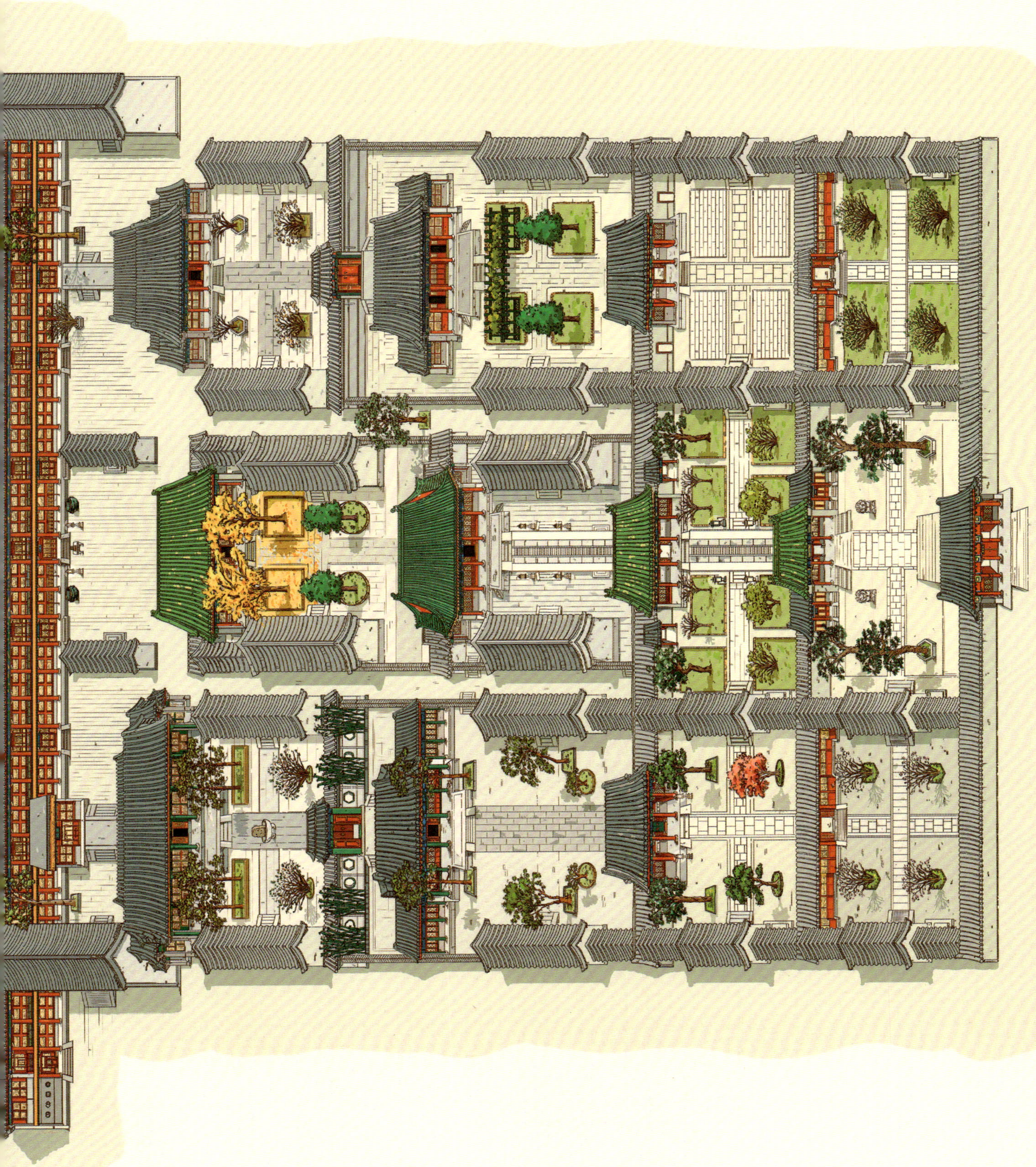

图书在版编目(CIP)数据

与时偕行 一苇以杭：文化和旅游部恭王府博物馆创建四十年/文化和旅游部恭王府博物馆编. — 北京：文化艺术出版社, 2023.12
ISBN 978-7-5039-7527-1

Ⅰ.①与… Ⅱ.①文… Ⅲ.①恭王府－博物馆－工作－研究 Ⅳ.①K928.73

中国国家版本馆CIP数据核字(2023)第221688号

与时偕行 一苇以杭
文化和旅游部恭王府博物馆创建四十年

编　　者	文化和旅游部恭王府博物馆
责任编辑	汪　勇
责任校对	董　斌
书籍设计	董月夕　赵婉俐
出版发行	文化藝術出版社
地　　址	北京市东城区东四八条52号（100700）
网　　址	www.caaph.com
电子信箱	s@caaph.com
电　　话	（010）84057666（总编室）　84057667（办公室） 　　　　　84057696—84057699（发行部）
传　　真	（010）84057660（总编室）　84057670（办公室） 　　　　　84057690（发行部）
经　　销	新华书店
印　　刷	鑫艺佳利（天津）印刷有限公司
版　　次	2023年12月第1版
印　　次	2023年12月第1次印刷
开　　本	889毫米×1194毫米 1/16
印　　张	14.25
字　　数	50千字　图片400余幅
书　　号	ISBN 978-7-5039-7527-1
定　　价	298.00元

版权所有，侵权必究。如有印装错误，随时调换。